精益制造*004*

生产管理

修订版

図解でわかる生産の実務
生産管理

［日］加藤治彦 著 党蓓蓓 译

人民东方出版传媒
People's Oriental Publishing & Media
东方出版社
The Oriental Press

目录

001

002

前言

日本的制造业是不是真的很强大呢？

答案有两个。

第一个答案是：YES。

日本的制造业，无论是产品的品质还是技术水平等都是世界第一，正如我们平常所说生产现场制造是"日本制造"，日本的制造业是全世界制造业所追求的目标。

而第二个答案是：NO。

在生产成本方面，日本制造业的生产成本相对于发展中国家的低成本生产，则处于劣势。此外，在由 EMS（制造外包）等新的生产加工模式所引发的激烈竞争之下，日本的制造业已经被逼得喘不过气来。

到 20 世纪 80 年代为止，制造业的确是使日本成为世界经济大国的巨大动力，即使是现在，日本制造业也占据着极具竞争力的重要地位。但是，大多数日本企业对未来十分悲观，为了公司的生存而不得不进行裁员重组，这已是一个不争的事实。为什么曾经无限辉煌的日本制造业会陷入今天这样的境地呢？

随着美苏两国冷战的结束，世界格局也发生了巨大的变化。特别是美国，国家对军事产业的支持逐渐减弱，转而开始大力扶持计算机、通信等新兴领域。这就使得在这些领域内，大多数美国的企业拥有世界领先地位。在教育方面，美国实现了大学的开放化，使得其能够吸引更多国家的优秀人才。现如今，不管是国际性会议还是商务领域，都由美国大学的毕业生构成了一张庞大的关系网络。表面上看，好似没有任何联系的事情，其实也是相互联系在一起的。例如，从小学开始的金钱教育等，不得不说它的出现反映了当今世界的变化。

因此，我们不得不惊讶于美国具有前瞻性的战略。即便是在生产管理这个领域也不例外。例如，TOC（Theory Of Constraints，约束理论）就是其中一例。这种诞生于美国的方法被视作是实现供应链管理最有效的方法。但是比起这些，如果说我们为什么会关注 TOC 的话，就不得不说到 TOC 里面所蕴含的思想的重要性了。

这个思想就是所谓的对"赚钱"的思考。

咨询工作是我的本职工作，我从事制造业相关的咨

询工作已经超过 10 年了。 首先，从业务范围来讲，我最初的工作是以生产现场的改善为中心的指导性工作。之后，不仅是生产现场，业务范围也扩展到整个支援生产的业务，也就是包括改善生产管理的业务。 工作内容也从刚开始的保证工厂内部顺利运营的生产管理，发展到后来的生产和销售、生产和开发等一系列全方位的生产管理业务。 这就和现在的生产管理所要求的发展方向一致。 并且，从几年前我便开始了对 TOC 的研究。

TOC 是一种识别并改善企业在实现目标的过程中存在的制约因素的方法。 这里所说的企业要实现的目标就是"赚钱"，这也正是 TOC 的提出者戈德拉特博士（Dr. Eliyahu M. Goldratt）在其畅销小说中所提到的"目标"。 只有赚钱才是企业的最终目标。

所谓赚钱说白了就是要赢利。 不管什么样的企业只要能赢利就能赚到钱。 但是在日本，人们却不太爱把赚钱这个词挂在嘴边。 这或许是因为金钱给人一种低俗的感觉吧。

但问题是，正是这种想法削弱了赚钱这一活动。 产品品质的提高固然很重要，但生产率的提高也不容忽视。 既然现在是一个讲究速度的时代，那么是不是缩短开发周期（Lead Time）就可以赚到钱了呢？ 事实上却不然。 日本的企业在这方面做得不够。

那么，在那些和赢利不直接相关的企业活动方面，日本的企业是不是做得很成功呢？答案也是否定的。虽然日本制造业的产品质量或做工是一流的，但是在企业运营方面却做得不尽如人意。问题就出在缺乏赚钱的意识上。

在制造业所处的环境发生激变的今天，以赚钱为目标构建新的制度体系才是我们的当务之急。这正是我们所面临的经营课题，但是如果把它付诸实践的话我们又该怎么办呢？在制造业中，确立符合时代要求的生产管理业务的模式才是我们工作的重中之重。

对待日本的制造业我们应该从两方面分别看待。既可以说其比较强大，但是从另一方面来讲，也并非如此。这才是我们对日本制造业应有的正确认识。本书的目的是，告诉大家应该如何去认识已经成为制造业的实际业务核心的生产管理业务，并在对生产管理业务有一定的理解的基础上，如何去确立一个符合时代要求的生产管理业务模式。

这个课题或许能成为日本复兴的一个巨大的契机。我期待大家能早日吸收并消化本书中所阐述的内容，使之成为自己的知识，活用于实际业务中，并期待能给大家带来巨大的成功。

加藤治彦

2002 年 2 月

第一章
为什么生产管理如此重要

1 建立新的生产管理模式

◆——生产管理并非特殊的业务

根据业界和产品的不同，生产管理的方式也不尽相同。因此，能够原封不动照搬的生产管理方法也非常有限。提起生产管理业务，大家似乎都感觉，这是精通业务的行家才能胜任的工作。

然而，时代在不断地变化，以企业为主导的时代已经不复存在，现在是以市场，或者说是以消费者为主导的经济时代了。

那这又意味着什么呢？这意味着我们在进行生产管理的时候，必须具备一定的常识，要懂得站在消费者的立场上，为消费者考虑。例如，如果产品样式能稍事改变，可能消费者用起来会更加便利，这或许就是消费者期待的产品吧，等等。在进行生产管理的时候，拥有这类意识，将变得越来越重要。

◆——生产管理的目的就是赚钱（增加财富）

说起生产管理所必需的意识，日本企业所缺乏的就是赚钱这一意识。"这样的行为和挣钱有关与否，是否能带来经济效益"，在工作中，你经常这样问自己吗？其实，进行生产管理业务的时候，我建议大家应该经常反复地思考"这个模式能否带来经济效益"这一问题，从而提高生产管理的水平。

◆——不肯定现状

"话虽如此，但是这就是现实。"

"说是这样说，但是我们这里情况比较特殊。"

"反正我们是不会做任何改变的。"

······

请你忘掉这些话。你得抱有哪怕结果只比现在好一点点都行这样积极乐观的态度。

在现代经营学中，生产管理知识的充实是一个经常被提及的课题，经营的高层们也意识到必须有所改变。我们已经不能一味肯定现状、拘泥于现状了。

◎企业的目的是赚钱

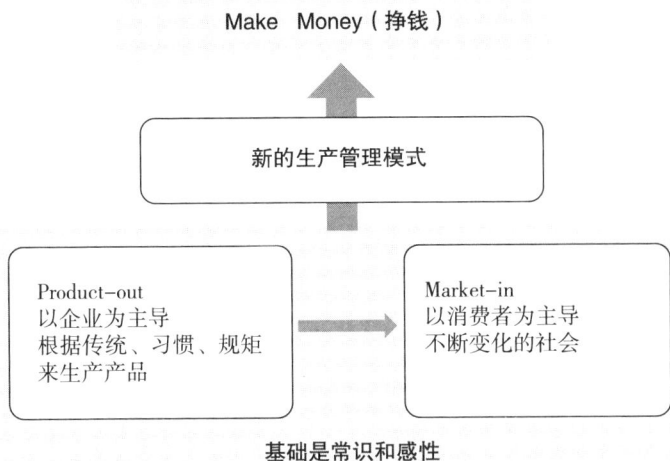

Make Money（挣钱）

↑

新的生产管理模式

↑

Product-out
以企业为主导
根据传统、习惯、规矩
来生产产品

→

Market-in
以消费者为主导
不断变化的社会

基础是常识和感性

◆——从生产管理业务的模式开始进行企业改革

本来生产管理是为了弥补分工生产这种方法的弱点而诞生的一项业务。在分工生产本身不断变化的现在，能否重新正确地审视生产管理这一业务是与企业运营的改善息息相关的。以部门间的合作为开端，进一步进行组织方面的变革十分必要，并且各个部门所扮演的角色也需要重新定义。

我们不该整天抱怨生产管理不能顺利进行，而应该建立一个合乎时代发展的生产管理的新模式，这才是在推进企业改革时我们应该思考的问题。

2 制造业所面临的处境

◆——迅速的决策十分必要

当今可以说是 200 年一遇的产业革命的时代。 我们正经历着历史性的巨变期。 由于 IT（信息技术）时代的来临，不管是谁，都能随时随地轻易地获取信息。 消费者在判断什么是自己真正需要的东西时，常会灵活运用各种信息来作出判断。

其结果是产品的寿命骤然变短，市场走向也瞬息万变。 "卖不出去"便导致了"不得不废弃的不良库存"的发生。 这是按照我们已有的常识所料想不到的，因为需求和供给之间发生了不平衡。 此时，解决问题最为关键的就是"迅速的决策"。 而这种迅速的决策不能光凭感觉来进行，而必须要根据实实在在的数据来进行判断然后执行。 所以今后的生产管理必须要拥有支持这样决策的职能。

◆——在现今这个讲究时速的时代，出现决策失误的话是十分危险的

不知大家听过 DOG YEAR 这个说法没有？ 这是说狗在一年中增长的岁数是人的七倍。 这个词语是对事物发展变化速度之快的一个比喻，也是形容我们现今这个时代的一个词汇。

拿最近制造业中经常谈到的一个事情来打个比方。上个月由于供给过剩而卖不出去的产品，到了这个月却变得十分的紧俏很难弄到手，这就表明了市场供求关系的急剧变化。 即使单价不到一日元的便宜部件，如果不能及时进到货的话，也可能会导致价值超过一亿日元的设备不能交货，所以千万不可小视。 反过来，也有这样的情况。 由于企业预估市场将供不应求，所以花几亿日元购买原材料，结果遭受过剩商品的冲击，导致产品价值下降至原价的十分之一甚至更低。 所以，如果在这样重要的环节出现决策性失误的话，可能会动摇企业的整个经营命脉。

◎激变的时代

第二次工业革命
从农业到工业，从工业到信息业

DOG YEAR
以前速度的七倍

全球化
从日本的常识到世界的常识

支持迅速且准确的决策

◆——要用广阔的视野来处理业务

经济的变化是戏剧性的。 例如汇率，一日之内一美元兑换的货币数额会有百分之一以上的出入。 这样的事情已不足为奇。 但是，深受此种变化影响的制造业却受不了。 可是这就是现实，在全球化不断加强的形势下，企业如对世界经济毫不关心的话，自身的存活都会受到威胁。 所以，我们在处理业务的时候，最好用更加广阔的视野来看待问题。

因此，在贯彻生产管理业务之际，时刻将世界的动态置于视野中也是十分必要的。

3 改善生产现场的局限

◆——现场改善神话的极端

曾经有人说过只有改善生产现场，才能挽救日本制造业。 对改善生产现场的重要性这点，我没有丝毫的质疑。 但是，笔者对只要生产现场强大了，企业也就会随之变得强大这个说法持有异议。 虽然，生产现场的改善是十分必要的，但是仅仅这么做就想使企业的业绩好转的话，这样的想法未免太过幼稚了。 生产现场的改善是企业变强变大的必要条件，却不是充分条件。 因此，把生产现场的改善当作绝对论是一种极其危险的想法。

◆——对日本制造优越性的疑问

日本制造业的竞争对手，不是国内同行不同公司之间的竞争，而是世界范围内的竞争。 这也就意味着以前在同一条件下的竞争已经不存在了。

现在的竞争是劳动成本和风俗习惯都不一样的国与国之间的竞争。 "日本的技工是世界第一"等神话正处在崩溃的边缘。 现在是同那些用较低的佣金就能召集年轻、有体力、熟练度较高的技工的国家之间的竞争。 在生产方式方面，日本的精致做工方法也已经被世界上大多数国家所采用。 或许在完成度方面还有些许差异，但是，要保持日本绝对的优越性，已经是不可能的事了。

◎为什么生产管理是主角?

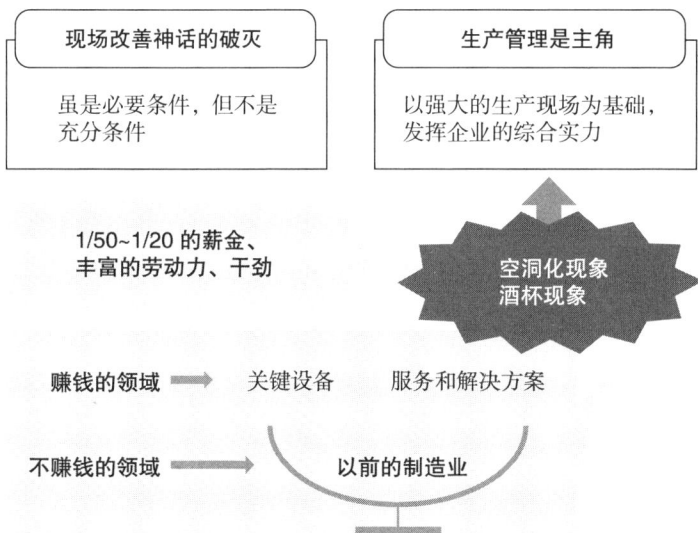

现场改善神话的破灭	生产管理是主角
虽是必要条件，但不是充分条件	以强大的生产现场为基础，发挥企业的综合实力

1/50~1/20 的薪金、丰富的劳动力、干劲

空洞化现象
酒杯现象

赚钱的领域 → 关键设备 服务和解决方案

不赚钱的领域 → 以前的制造业

007

◆——技术进步意味着什么

技术的进步又会带来一些其他的变化。 这些变化被喻为"酒杯现象"、"微笑曲线"等。 以前，处于制造业中枢位置的组装产业，其规模较大而且曾在获利上扮演了重要的角色。 但是现如今，生产更加高级的电子零部件等产业成为了技术的核心，是左右商品价值的中坚力量。 换句话说，技术进步使制造业的重要性发生了巨大的变化。 另一方面，通过增加如何有效利用商品的服务或解决方案之类的增值服务，来提高其存在价值，也是令人瞩目的变化。

◆——生产管理业务的重要性

观察成本构成，不难发现在大多数企业中，直接劳务费所占的比例正在减少，一般都是占百分之十以下。呈明显增加的反而是原材料费和间接劳务费。 与原材料费相关的部门是生产管理部门。 与负责间接劳务费等部门有着密切联系的是生产管理部门，而生产管理部门是改善生产管理业务的最关键部门。 从这一点也可以理解生产管理的重要性。

4 企业综合实力提高的关键

◆——从改善生产现场到改善生产管理

这是发生在某个大企业的一个真实例子。 工厂通过准时生产方式进行工序改善的结果是开发周期由五天缩短到一天。 但是，销售指标却没有完成。 一查之下，居然是原材料仓库里在原本已有的 20 天库存的基础上，又堆积了 40 天的产品库存。 尽管如此，负责生产现场改善的制造部部长定下的这一期的目标是，将开发周期从一天缩短至半天。 这样做难道真的能赚钱吗？

在这种情况下，我们要做的是降低原材料库存和产品库存。 在此基础上，还要做的就是增加销售额。 这就表明提高企业的综合实力才是我们所面临的重要课题。 为此，我们必须把眼光从生产现场转换到生产管理上来。

◆——从改善开发周期开始

接下来我们以零部件厂商为例进行讲解。 我们希望通过改善生产现场来缩短开发周期的时间，使得本来需要花 30 天的开发周期缩短到只要 10 天。 如果仅仅这样做的话，只不过减少了 20 天的库存，即使起到了有助于资金周转的作用，也不能直接赢利。 那么，如果把这种现场改善应用到其后续工序的组装部门的话，又会怎么样呢？ 这就可以使订购零部件的时间推迟 20 天，也能使自身的材料订购时间推后 20 天。 在供求关系变化莫测的时候或者新产品投产期间，如果能将这些优点运用在营销活动和购买活动中，必定会提高公司的销售额，优化资金和原材料的供应。

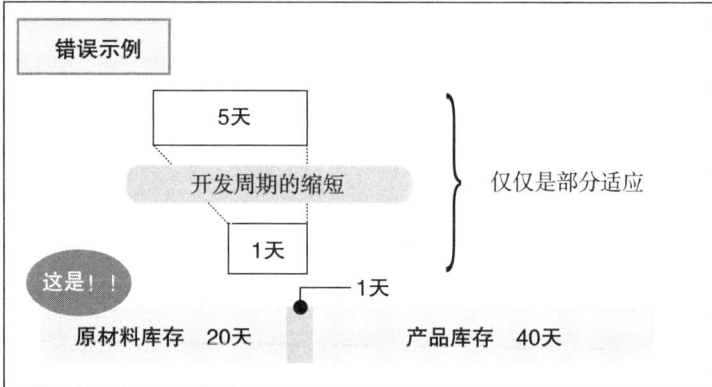

错误示例

5天

开发周期的缩短

1天

这是！！

—1天

原材料库存　20天　　　　产品库存　40天

仅仅是部分适应

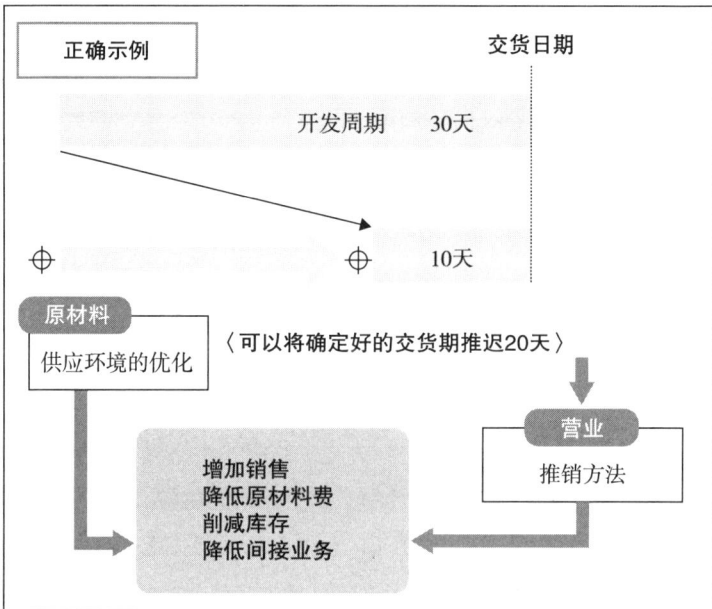

正确示例

交货日期

开发周期　　30天

10天

原材料

供应环境的优化

〈可以将确定好的交货期推迟20天〉

营业

推销方法

增加销售
降低原材料费
削减库存
降低间接业务

010

5 生产管理业务的目的

◆——基本的职能

"最为需要的时刻,更好的产品,更为低廉的价格",这就是顾客的要求。在生产活动中,上面三方面内容被称为 QCD(品质、成本、交货期),是生产活动输出方的三要素。生产现场中,将这三个要素投入到生产活动中,使人(Man)、原材料(Material)和设备(Machine)得到高效率的利用。这就是所谓的 3M。

生产管理就是要使投入的 3M 和输出的 QCD 达到一个平衡,可以说是起到联系生产现场和顾客的纽带作用。

◆——扩展职能

以前的生产管理,其活动范围仅仅局限于工厂这个狭小的范围内。但是,当今时代,生产管理要求以企业整体为对象来进行企业的综合运营。基于这样的时代要求,如果我们将生产活动的投入和输出重新定义的话,那么投入就是投资,输出就相当于赚钱了。我们有必要认识到现在的生产管理的概念是指在传统观点 3M 和 QCD 之外,加上投入多少资金、能收获多少利润这种与企业整体运行息息相关的观念。

◎生产管理的目的

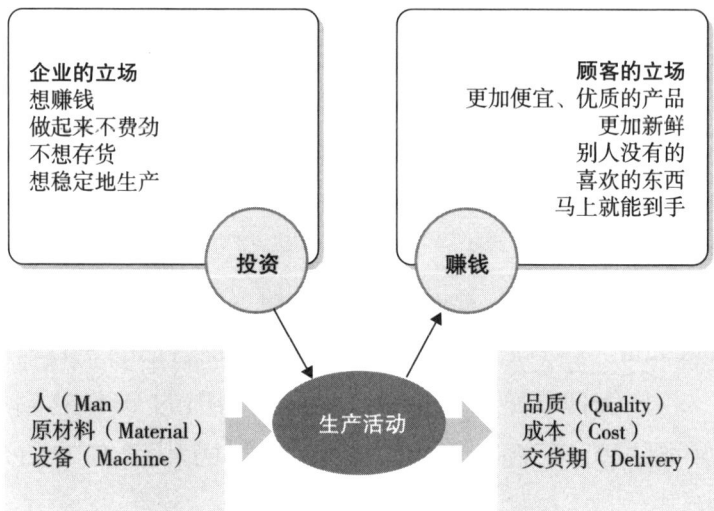

企业的立场
想赚钱
做起来不费劲
不想存货
想稳定地生产

投资

顾客的立场
更加便宜、优质的产品
更加新鲜
别人没有的
喜欢的东西
马上就能到手

赚钱

人（Man）
原材料（Material）
设备（Machine）

生产活动

品质（Quality）
成本（Cost）
交货期（Delivery）

加速和减速

风险管理

生产管理的职能

使投入和输出达到一个非常平衡的状态

012

◆——适当的加速和减速也是很重要的

在近来的生产管理中，依据生产管理进行判断，下达生产指示以及原材料采购调配指示等，逐渐受到关注。 如果在这些问题上错过最佳时机的话，就会失去商机，会导致不良库存等一系列问题的发生。 而且这些问题可能会发展成为影响企业生死存亡的巨大危机。 所以，在生产指示和原材料的调配方面，恰当的调控已经成为决定企业业绩的另一个重要因素。

6 作为工厂基本的 QCD

◆——变化的 QCD 目标

每个月经济的动向和业界的状况都在不断地变化。工厂所追求的是在这样千变万化的环境中销售额的上升和利润的提高。 所以，为了达到这个目标，QCD 水平的设定以及达成度的重要性就越来越大了。

◆——Q（Quality）：品质

近来，品质已经很难成为和其他产品进行区别的绝对条件，而只是确保交易成功的必要条件而已。 但是，如果不能满足对方所提的要求的话，交易可能就会终止。 这点请大家务必记住。

013

◆——C（Cost）：成本

同样质量的东西，肯定是越便宜的越受欢迎。眼下，要想在品质方面取得绝对的优越性已经很困难了，我们只能在价格上和竞争对手较量，看谁能在品质相同

◎用QCD来评价生产活动

Q品质（Quality）

职能、外观、耐用性等让客户和顾客感受到其魅力、感到满足的特性。

关键点： 当然要有好品质。

C成本（Cost）

所谓成本是指从在工厂里制造产品到送到客户手里所花的费用。

产品的价格=生产成本+利润

⬇

利润=产品价格−生产成本

关键点： 不便宜就卖不出去。
要构建便宜也能赚钱的体系。

D交货期（Delivery）

按照客户要求的交付日期按时交货。

关键点： 订货至发货期间的缩短是
降低风险最强有力的保证。

的条件下，能以较低的价格销售。 因此，这就要求我们在生产过程中，要尽可能地降低成本，生产质优价廉的物品。

提到成本的话，大家可能会把所有的目光都投向生产现场的活动。 但是最近，劳务费所占的比重越来越少，原材料费用所占的比重不断地增加。 从这个角度来看，生产管理的重要性也应该越来越受到大家的重视。

◆——D（Delivery）：交货期

所谓按期交货就是指按照客户要求的交付日期按时交货。 如果不按照客户规定的交付日期交货的话，即使拥有再便宜再好的货物，也都会失去交易。 特别是近来，从接订单开始到交货为止的期间要尽量缩短，能否做到这点已经成为一个十分重要的课题。

7 环节的改善

◆——生产链的改善

请大家在脑子里面回想一下现在手头工作的流程。为了将商品送到顾客手中，需要紧密连接一个又一个性质各异的工作。 为了将这种关系表示得更为浅显易懂，我们可以用链条来打个比方。 如果链条和链条之间的各个环节不能紧密配合、七零八落的话，工作就不能顺利进行下去，当然也不能使顾客满意。 所谓的生产管理，其实可以说就是将各个分散的链条串接起来的工作。

◎衔接生产链的改善

评价	生产链的情况	业务的印象
✕	自家公司 零售店　供应商 工厂 销售　开发	各个生产链分散 **没有联系的个别业务**
△		每个环节重合在一起 **双重工作**
○		每个环节以点来链接 **应有的姿态**

在实际工作中，我们经常能见到各个链条之间七零八落不能顺利衔接的情况。链条不能顺利衔接是因为它们之间的衔接职能有不足之处。但是另一方面，也存在各个链条之间互相重叠的情况。由于职能的重复，所以链条上也会出现松弛的现象。

话又说回来，那么怎样的状态才是我们所期望的呢？即各个链条既没有松弛又不处于紧绷的状态，才是我们所应有的状态。

◆——环节的改善

相互理解各个环节的工作，紧密联系配合的活动变得越来越重要了。如果各个环节之间正好处在一个松紧恰当的状态时，那么各个环节之间应该只通过仅有的一点来衔接。当业务上发生大量信息的交换时，也会发生浪费的现象。那么，用最少的信息来进行交换就成了关键。那么到底通过什么来进行环节与环节之间的衔接呢？这既是构建生产管理业务时最重要的课题，也是很好的突破口。

第二章
对生产管理的期待

1 生产管理中所要求的职能

在基本职能的基础之上，再加上下面所列的三个要素，生产管理将向"进攻"职能转换。下面所示的三个新方面，将成为生产管理的关键之处。

◆——（1）管理方面：控制管理（Control）

这是为了应对市场的多样化。为了实现少量多样生产，在企业中实行生产管理也就变得势在必行了。具体来说就是如何实现"看似订货的预测生产"（后述）。

◎生产管理——向"主攻型"职能转换的三个方面

作为控制管理职能的生产管理
Control

~生产的流程化是生产管理的必要条件~

（1）从守势向攻势的转变
　　全权处理各个部门间工作的态势
（2）生产现场的原点主义
　　生产现场是制造业原点的想法
（3）制造方式的确立
　　使顾客得到满足的生产方式

作为经营管理职能的生产管理
Management

~将企业的生产力发展为企业实力的生产管理~

（1）改革观念
　　灵活应对市场环境的变化
（2）提高生产能力
　　生产现场的改革；JIT、TPM、QC等
（3）企业实力的增强
　　协调生产、销售、开发

作为整合职能的生产管理
Integration

~从部门效率到整体的效率~

（1）在生产现场确立"优质生产"的观念
　　彻底排除生产现场的浪费
（2）生产和销售的整合
　　结合了最新销售情况的生产计划
（3）生产和开发的整合
　　开发周期的缩短

◆——（2）经营方面：经营（Management）

准确地解读变化多端的时代，向以生产为中心进行重心转移已经成了时代之需。 但是，如果仅是上意下达的话，就会出现最终以喊喊口号结束的情况；反过来，如果仅仅是下面的人反映反映情况的话，也很难有大的变革。 只有通过"中间上下"（Middle Up and Down）的业务改善方式来引导领导层作出正确的判断，才能由守势转为攻势。

◆——（3）整合方面：整合（Integration）

日本的制造业通过生产技术的革新得到了很大发展。 但是，如果今后不举全企业之力的话，是无法在残酷的现实环境中生存下来的。 供应链管理（SCM）和并行工程（CE）所代表的动向，就表明了这个趋势。 作为生产部门一环的生产管理，其重要职责在于，综合从生产到销售，从生产到开发等企业所有部门的力量。 关于SCM 和 CE 的内容在本书以后的章节中将详细叙述。

2 生产管理的范围

◆——以前的生产管理

生产管理是指在工厂内使业务能够顺利进行的职能。 生产计划、生产进展、采购管理以及生产性管理等都被认为是生产管理的范畴。

◆——今后的生产管理

生产管理的范畴也随着时代的变化而变化。 今后的生产管理要求将顾客和生产现场紧密联系起来。 因此，更为贴近顾客的营业以及类似产品的开发等协作性的业务将呈增加的趋势。 生产管理的负责人再也不能仅仅呆在工厂里面，相反要积极地走出去，多去公司、零售店以及开发部门走走，多了解了解情况。 不仅如此，负责采购管理的人也要跳出企业内部的框架多去销售的第一线了解情况。 此外，由于全球化的不断发展，把海外也纳入生产管理考虑范围的时代也已到来。

◆——从营业开始的流程

以前的营业，一直是以推销为重点的。 某种程度上说，是以固定客户为中心开展的活动。 但最近的趋势是，以将来的市场为对象开展活动，这就是所谓的产品计划。 另外，掌握了目前的生产能力和原材料的筹措能力的生产管理部门间的配合也是十分必要的。

◆——从设计开始的流程

是否重视采购管理的能力，已经成为决定企业间竞争的关键条件。 但是，这需要在开发阶段中充分考虑到原材料调配的便利性。 所以，生产管理部门所提供的最新情况和对今后的估计等信息变得越来越重要了。

◎以前的生产管理和今后的生产管理

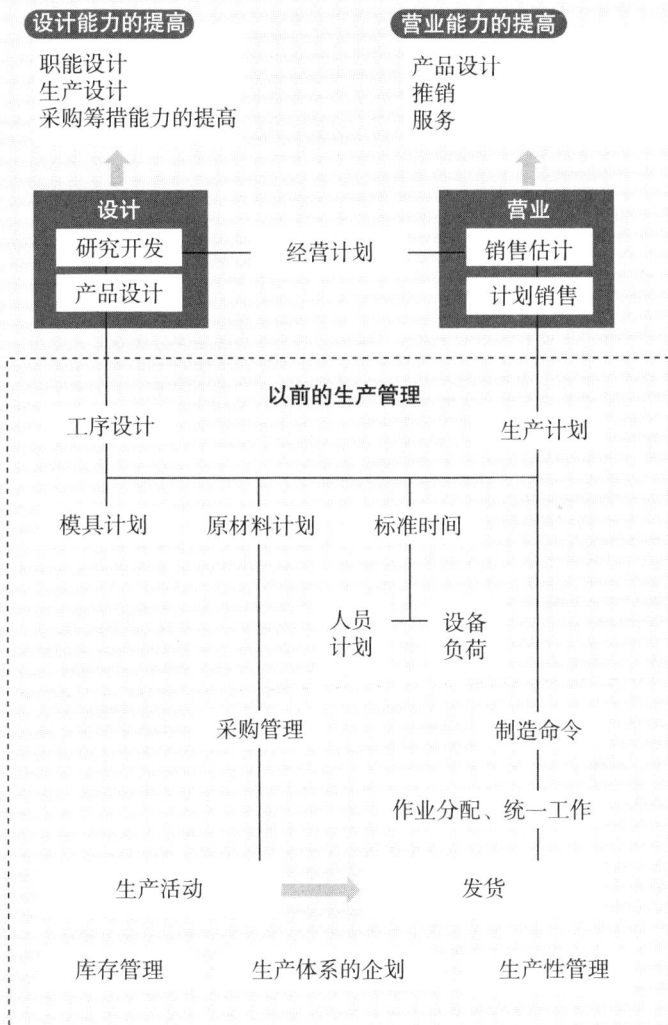

今后的生产管理

設计能力的提高　　　　　　营业能力的提高

职能设计　　　　　　　　　产品设计
生产设计　　　　　　　　　推销
采购筹措能力的提高　　　　服务

设计		营业
研究开发	经营计划	销售估计
产品设计		计划销售

以前的生产管理

工序设计　　　　　　　　　　　生产计划

模具计划　　原材料计划　　标准时间

人员　　设备
计划　　负荷

采购管理　　　　　　　　制造命令

作业分配、统一工作

生产活动　　　　　　➡　　　　　发货

库存管理　　　生产体系的企划　　　生产性管理

023

3 扩展的生产管理业务

◆——确保利益的绝招

由于技术的提高和信息化的进展，仅凭原有的技术就想和其他公司拉开差距已经变得越来越难了，因为现今要想在研究开发方面取得压倒性的成功已经不是易事了。 例如现在就有很多企业可以几乎不花什么时间就生产出与其他公司相类似的产品来与之竞争。

虽然利润不是很大，但是确保住这份微小利润并使之翻倍成长，才是现代的竞争。 正因为如此，所以管理技术的重要性就越发凸显了。 而代表管理技术的便是我们在这里所说的生产管理了。

◆——狭义的生产管理

所谓狭义的生产管理是指，从计划生产到发货期间，以工厂内的业务为对象，以使业务更为顺利进行为目的的管理活动。 在稳定的市场条件下，要善于进行生产管理的话，就能确保企业的竞争力，并使企业获得利益。

◆——广义的生产管理

好东西即使再便宜，如果没找准上市时机的话，也会卖不出去。 所以 QCD 的三个要素必须都要符合。 从新产品的企划到开发再到生产以及销售，这些环节都必须要连贯顺畅。 正因为如此，生产管理的范围就不得不加以扩大了。

◎生产管理范围的扩展

从狭义到广义的变化

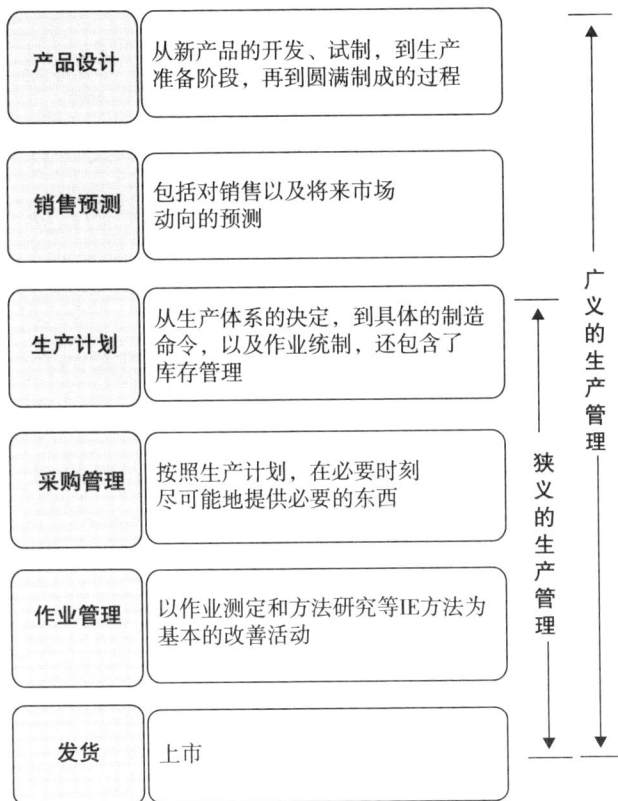

产品设计	从新产品的开发、试制，到生产准备阶段，再到圆满制成的过程
销售预测	包括对销售以及将来市场动向的预测
生产计划	从生产体系的决定，到具体的制造命令，以及作业统制，还包含了库存管理
采购管理	按照生产计划，在必要时刻尽可能地提供必要的东西
作业管理	以作业测定和方法研究等IE方法为基本的改善活动
发货	上市

广义的生产管理

狭义的生产管理

025

从新技术的开发到市场定位再到新产品的企划开发以及后续工作，都是今后生产管理的重点。所以，在以前范围的基础上，扩大其范围，已经成为今后生产管理的时代需求了。

4 从处于守势的生产管理转变为主攻型生产管理

◆——生产管理部门没有活力？

听说生产管理部门的负责人的表情大多比较阴沉，没什么活力。是不是他们整日为调整交货期，以及由于交货期推迟而带来的后续工作而烦恼的缘故呢？为什么会这样呢？

以前的那种做了就保准能卖出去的美好时代已经结束了，现在，如何将产品在适当的时候打入市场，已经成为企业之间关乎生死存亡的事情了。而制造业正为此拼尽全力。

但是，事实并非想象中那么顺利。

◆——生产管理业务的现状

• 都是被动地去工作，仅仅是些简单地传递信息的人。
• 计划制定后不能如实执行，变更太多，整天都是想着如何去应付。

- 在营业和制造之间，光做一些业务调整的事。

- 整日被信息系统所折腾，或者是为应付信息系统疲惫不堪，对今后不安。

- 根本应付不过来少量多样的生产。

- 加班很多，如何提高业务的效率是眼下的课题。

◎生产管理职能的变化

关键点是改变基本的态势！

处于守势的生产管理 ⟶ 主攻型的生产管理

处于守势的生产管理	主攻型的生产管理
狭义的业务范围	广义的业务范围
点	线
部分适合	全体适合
软弱的领导能力	强有力的领导能力
复杂	单纯、简单
调整的职能	为了赚钱的职能
大批量的生产方式	JIT的生产方式
按订单生产和备货型生产	看似订货的预测生产
现状	将来
日常管理	供应链管理也同时进行
	技术活动
重点放在评价上	重点放在改善上
重点放在制造上	重点放在使用上
负责管理的工作人员	负责改善的工作人员
依靠电脑	实物主义
静态数据	动态数据
被加工后的信息	实时的信息
较多的信息	较少的信息
知识	实行
标准日程方式	实质性的时间方式
最终导致的库存	从减少库存到活用库存

027

● 优秀的同事的确很多，也很受到周围人的期待，但是却没有成果出来。

本应成为联系市场和生产现场的生产管理部门，却搞到这步田地，确实是应该引起我们的注意。但是没办法，这就是生产管理部门的现状。

解决这些问题的关键就是改变基本的态势，也就是说把处于守势的生产管理转向主攻型的生产管理。

那么，主攻型生产管理是怎么回事，接下来我将详细为大家解释。

5 生产形态和生产管理

根据生产形态的不同，生产管理的方式也不一样。依据销售和生产的关系，以及品种和生产量的关系对生产形态进行分类。生产管理业务顺利进行的关键在于根据各个分类而制定不同的生产管理的方法。

◆——按订单生产（Make To Order，MTO）

在造船、大型机械以及建筑工程中，生产方式一般都是采用按照每位顾客要求的样式、品质及企划进行设计的接单生产方式。

所谓按订单生产是指按照客户的订单，先制定生产日程安排，再进行原材料的订货生产。随着原材料的准备就绪，生产现场按照每个订单分别进行生产。 而且，生产的结果也是按照每个订单的不同分别计算成本。

◎按订单生产和备货型生产

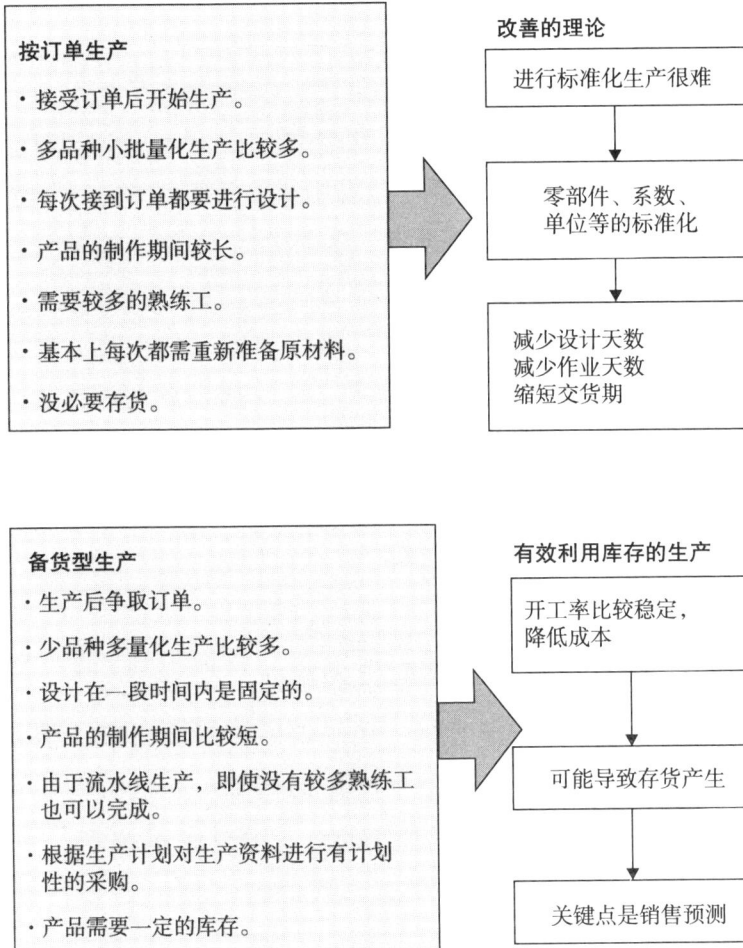

按订单生产

· 接受订单后开始生产。

· 多品种小批量化生产比较多。

· 每次接到订单都要进行设计。

· 产品的制作期间较长。

· 需要较多的熟练工。

· 基本上每次都需重新准备原材料。

· 没必要存货。

改善的理论

进行标准化生产很难

↓

零部件、系数、单位等的标准化

↓

减少设计天数
减少作业天数
缩短交货期

备货型生产

· 生产后争取订单。

· 少品种多量化生产比较多。

· 设计在一段时间内是固定的。

· 产品的制作期间比较短。

· 由于流水线生产，即使没有较多熟练工也可以完成。

· 根据生产计划对生产资料进行有计划性的采购。

· 产品需要一定的库存。

有效利用库存的生产

开工率比较稳定，降低成本

↓

可能导致存货产生

↓

关键点是销售预测

029

◆——存货型生产（也称备货生产）

这种生产形态主要应用于食品、服装、汽车、家电产品等方面。 先设想一个由不特定的顾客形成的市场，再为了适应这个市场的要求，对产品的品质、规格进行设计和生产。

在存货型生产过程中，确立了以批量生产为前提的生产管理模式。 根据其职能的不同，主要涉及到工序管理、品质管理、成本管理、作业管理、设备管理、工具管理、原材料管理、采购管理、委托加工管理、运输管理等多个方面。

即使存货型生产管理涉及多个方面，但也是万变不离其宗。 其基本的做法都是综合统计管理数据，从中找出问题点并加以改善。

6 看似订货的备货生产

◆——眼下的生产所要求的条件

正如本书前一章所述，我们将生产进行分类，但是由于时代的变化，按订单生产和备货型生产的区别正在逐步变得模糊。 而且，消费者也变得越来越挑剔。 如果是拥有和别人一样的商品，消费者就会不高兴。 如果仅生产某一种产品就想获利已经是不可能的事情了，因为你的竞争对手并不会坐以待毙。 正是由于这样一个新时代的来临，以前的生产管理将面临许多新的挑战。

细致地应对顾客要求的订单生产，可以看作是与时代的变化相适应的生产形态。 但是，不能因为是订制生产，就任意提高产品的价格，也不能随意推迟交货期。所以，我们要求订单生产无限接近于备货型生产。

我们的顾客不会仅因为价格便宜就购买产品。 除了价格，在产品的设计以及职能方面顾客也要求体现自己的特色。 从这点出发考虑，也同样要求备货型生产向订单生产接近。

◆——适应时代变化的商业模式

为了适应时代的变化，克服上述呈对立形式的条件，我们必须构建一个与以往不同的商业模式。

顾客是上帝，是不断追求自己梦想的上帝。 但不同的人的梦想是千差万别的，为了满足这千差万别的梦想，我们就得按照订单进行生产。 我们的企业要想赚钱的话，就必须把在批量生产时代所积累的技术，灵活运用到备货型生产中。 看上去只是按订单生产的产品，其实通过原材料的共通化、组装的共通化、编辑设计以及工序的共通化等等，也是可以实现看似订货的备货生产的。

031

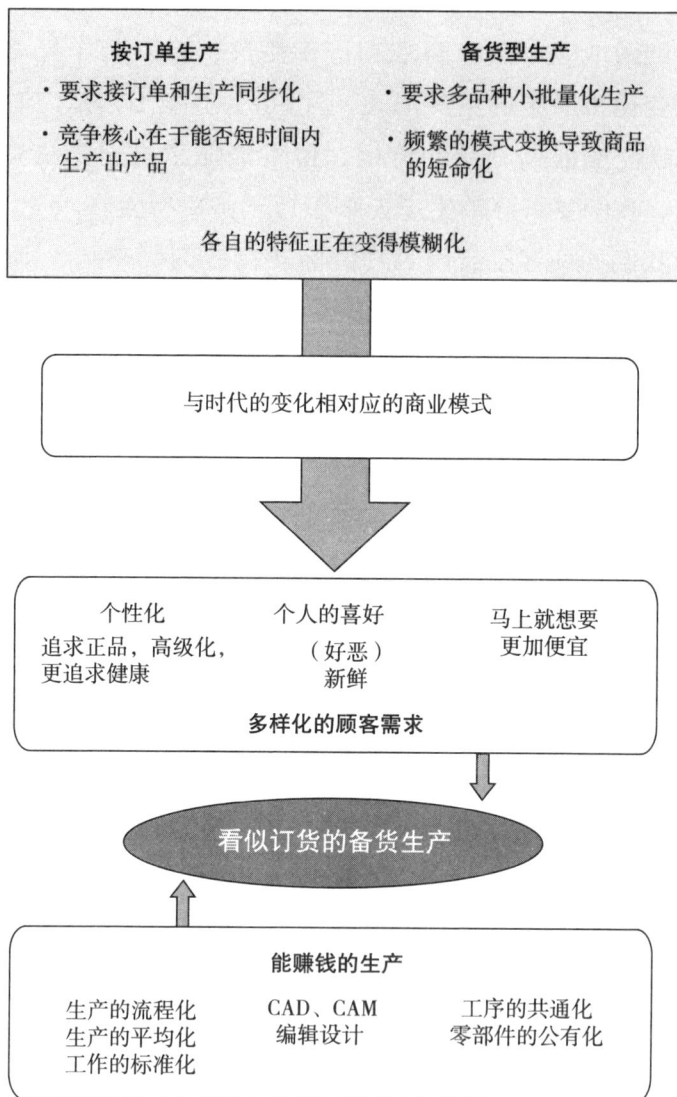

第三章
现场才是生产管理业务的出发点

1 生产现场改善的必要性

◆——改善成功的秘诀

处理好生产管理业务的秘诀是什么呢？ 那就是对生产现场进行改善。 如果处在生产现场水平较低的情况下，那么改善生产管理，一定是不可能的。 即使生产现场的水平比较高，但是生产现场的管理层之间的关系不好的话，也是不可能顺利改善生产管理业务的。

我们在进行生产管理业务的时候，要求针对市场需要正确把握生产情况，并作出迅速的对应措施。 不过，有的时候即使想按照顾客的要求来生产，但是生产现场各种状况频出，整日为了处理这些问题而忙得不可开交，是根本无法实现按客户要求生产的。有的时候即使想承接短时间交货的订单，但是如果生产现场没有这个能力的话，也是不能完成的。如果勉强接下来的话，就得通过加班、节假日上班或者外企业务等方式来完成，说不定到头来，最后结算时还会出现赤字的情况。

◆——强大的生产管理是从强大的生产现场管理做起的

如果仅仅通过正确把握生产现状来进行生产的话，有时是很难满足严峻的市场需求的。例如，为了承接订单，必须要经过和竞争对手相互估价这个难关。而且，客户规定的交货期和销售价格也是非常苛刻的。这些都要求我们必须尽快提高生产现场的水平。

◎改善的螺旋形上升

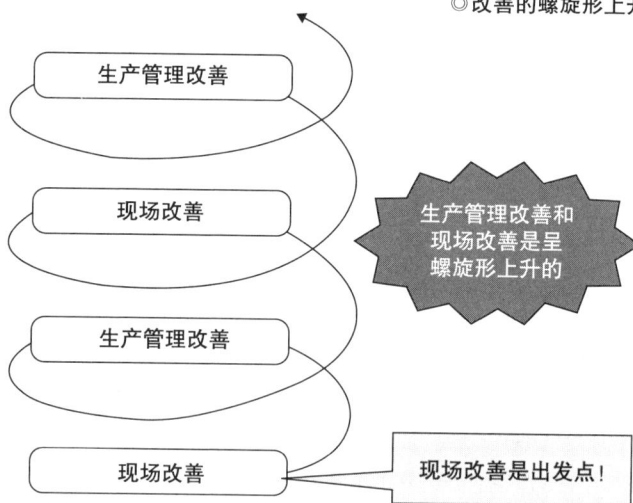

生产管理改善

现场改善

生产管理改善

现场改善

生产管理改善和现场改善是呈螺旋形上升的

现场改善是出发点！

此时，最重要的是要有改善生产现场的积极态度。要顺利进行生产管理业务的话，就要以高质量的生产为目标，并且和生产现场的人员联起手来一起开展。

◆——引导正确的生产现场改善

另一方面，我们经常能看到仅按照自己的尺度来改善生产现场的情况。我们把这个叫做"制造部门开展的自我满足的改善"。

如果像以前在单纯追求经济数量增长的年代，不管如何改善生产现场，都能为公司利润的提高作出贡献。但是，现在的时代已经变了。自我满足式的改善已不适应时代的要求，我们有必要看清楚生产现场的改善能否真的带来效益。

综上所述，在生产管理业务中增加适应于时代要求的、能引导正确的生产现场改善的职能已经变得越来越必要了。

2 对 5S 的误解

◆——何谓 5S

5S 是指整理、整顿、清扫、清洁和素养。因为这五个词在日语中罗马拼音的首字母都是"S"，所以简称为"5S"。它被誉为实现日本制造的第一步。

◆——5S 已经过时了？

多数企业对 5S 有些误解。

● 5S 早就过时了。我们的生产水平没有那么低。

● 5S 的目的是使生产现场变得干净，所以清扫是最基本的。

● 要开展 5S 的话，就以新手和新人为中心进行好了，只要花上一定的时间就能改善。

● 在 5S 中最为重要的是素养。连基本的礼貌都不懂的工厂是不行的。

得出这样结论的工厂，首先就可以判断他们的 5S 肯定做得不够成功。

◆——5S 的目的

把工厂搞得干干净净的绝不是 5S 的真正目的。用扫帚打扫打扫，用抹布擦擦这些事情也不是真正的 5S。

5S 既是指现场改善，也是生产管理改善的出发点。首先，在水平已有所提高的 5S 的基础上推进生产流程化的现场改善。接下来呢，再在生产流程化的基础上，通过导入生产的平均化来改善生产管理业务。随着现场改善以及生产管理改善的进行，5S 又将进入一个新的较高水平，呈一个良性循环的趋势。通过这样的一个循环，使整体的水平得以提高。

◎ 5S的定义

5S是指什么？

整理	丢掉不要的东西
整顿	能够让人很容易明白
清扫	经常保持干净整齐
清洁	整理、整顿、清扫的维持
素养	对于规定了的事，要认真地遵守执行

3 5S 是关乎企业经营的课题

让我们来考虑一下如果把不要的原材料都废弃的话会出现怎样的情况。 这种做法在经营上就好比把登记在资产负债表上的东西转移到资产损益表上。 如果这种情况刚好发生在长期亏损好不容易转为盈余的时候，将不需要的原材料废弃的话，就会导致经营上的赤字。 像现在这样，在资金的运作比较困难的时候，如果这样做就会导致经营上出现较大的失误。

但是另一方面，如果懒得整理，对不要的东西毫不做处理的话，也会导致不良资产的增加，对未来的经营会造成困难。 像上面讲的这些，直接和经营紧密关联的都是5S。

所以，如果对5S不够重视的话，是无法顺利进行生产管理的。

◆──5S 的现状

虽然5S是如此的重要，但是现实中很多工厂在这方面却普遍做得不好。 说起原因的话，大多数是因为在实施生产现场改善的过程中，最为困难的就数5S了。

由于新产品的开发、新技术的导入、生产量的变动以及产品品种结构的变化等等，生产现场时时刻刻都在发生着变化。 在这样变化莫测的情况下，要想将5S坚持下去的话，绝非一件易事。

关于5S有种种误解存在。 比方说因为是在改善活动的最初阶段进行，所以做起来比较简单，么么就会有早就通过5S的错误判断。 我希望大家能够回到原点，来确认一下5S开展的情况。 我相信在你们确认过后，肯定会发现有很多值得改进的地方。

◆——5S 和生产管理

对于生产管理的负责人来说，必须要时刻关注 5S 的进展情况。 5S 要是能顺利地进行的话，生产管理做起来也会比较得心应手；相反，如果 5S 进行得不顺利的话，生产管理也会困难重重。

通过整理来消除不需要的东西，这对于生产管理来说也相当于减少盘点对象。 如果剩下一些不需要的东西，在年终盘点的时候就得增加一些额外的工作量。 而且不单单是年终盘点，在日常的工作中，也会产生一些不必要的麻烦。

接下来我们来讲讲整顿。 整顿意味着工序管理业务的减少。 在原材料的调配方面，即使没有生产管理负责人的参与，通过现货管理的方式也能得以实现。

如上所述，5S 是和生产管理直接相关的活动。 因此，生产管理的负责人积极参与 5S 活动是十分重要的。

5S 和生产管理直接相关

进行整理的话，

　　可以减少库存。盘点也会变轻松。

进行整顿的话，

　　无需进行工序管理。采购管理业务也会变轻松。

039

4 整理的方法及其意义

下面将整理分为三个类型来具体讲述。

◆——（1）对不必要物品的处置

不必要物品正如字面所示，指不需要的东西，是要清除的对象。 在经营数字上进行清除比较困难的情况下，可以将不要的东西转移到工厂的不重要的地方。

◆——（2）对次品的处置

次品是不能直接应用于生产的，工厂需规定一个期限对次品加以修整。 我们要规定好一个期限及负责人，如果仍有不能按期完成的情况发生，就将不良品和不需要一样处理掉。

◆——（3）对非急需品的处置

所谓非急需品是指，不是马上要用，但是总有可能会用到的东西。 对待这样的非急需品，我们采取的是"红牌战术"，也就是延缓执行的意思。 对延缓处理的东西贴上"红牌"，当事先决定好的期限到来时，再判断其是否是不必要物品。

为了使"红牌战术"得以成功，工厂领导层的参与是十分必要的。 厂长是最熟悉工厂的人，如果厂长参加不了，至少也需要制造部门的部长级人物亲自参与其中，否则"红牌战术"就无法顺利得以实施。 原因是"红牌战术"紧密关系到公司资产处理等重要且复杂的决策问题。

◎ 整理的步骤

不必要的 ⟶ 清除

不好的（次品） → 马上再加工 → OK → 有用的
                              → NG → 清除

非急需品 → 红牌战术

STEP 1 活动队伍的组成
　　　　队伍的领导是厂长等领导阶层的人物，这是关键！

STEP 2 活动对象的决定
　　　　必须以产品、未完成品、原材料为对象！

STEP 3 处理方法的决定
　　　　通常是三个月后进行判断！

STEP 4 贴标签的实施
　　　　不要光本部门的职员参与！

STEP 5 判断和处理
　　　　将留有标签的东西清除不要！

有用的

不必要的 → 清除

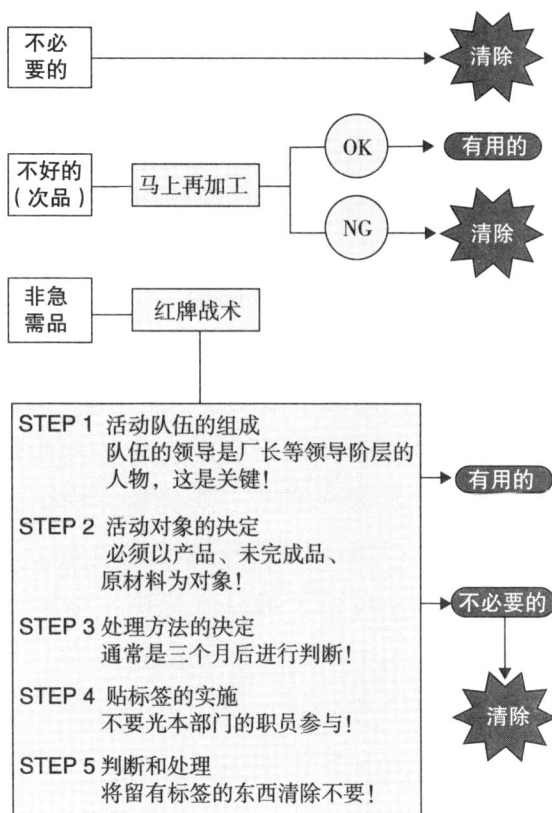

"红牌战术"的关键在于，尽可能地多贴一些"红

牌"。 要有对延缓处理的物品都贴上"红牌"的决心和心理准备。 在做这一步的时候，尽可能不让本部门的人来执行。 因为本部门的人，可能会编出很多理由来拒绝报废。 所以，这个时候就得请其他部门的同事对延缓处理的物品毫不留情地贴上"红牌"。

5 整顿的方法及其意义

整理阶段结束之后紧接着就是整顿阶段了，也就是将生产管理业务实际运用到生产现场的阶段。

◆——首先从定性的步骤开始

通过整顿，对生产现场的物品进行科学合理的布置和摆放，以便用最快的速度取得所需之物。 但这一切却不可操之过急，一蹴而就是不行的，应按照步骤一步一步地进行。 首先固定摆放地点，明确每件物品的名称。

因为不可能一口气决定好所有的摆放地点，所以得从对摆放地点的分组设置开始进行整顿。 将产品、未完成品、原材料、次品等性质不同的东西区分开来，然后按照顺序一个一个标示出来，最后设定好每个物品的摆放地点，在每个物品上贴上标签。

◆——下面的步骤就是定量化

在贴完标签后，接下来就进入定量表示的阶段。 设定一个量，使每个人都能做出必要的处置。

◎整顿的步骤

定性阶段

| 第一步 | 摆放地点的分层 |

· 性质不一样的东西不放在一起
· 产品、未完成品、原材料、次品分开放置

| 第二步 | 标签的设置 |

· 从群组表示到个别表示
· 标签的设置（名牌、标签）
· 撤去不必要的架子
· 按照产品→未完成品→原材料的顺序实施

定量阶段

| 第三步 | 表示适量 |

· 平均每天的使用量（过去三个月中的使用量÷工作天数）
· 进行产品检查
· 对生产方式的确认（从计划生产到平均化生产）
· 对送货频度的确认（频繁送货化、混载、共同输送）

| 第四步 | 现场订货 |

· 用Min-Max表示
· 对订货量和送货批量的研究
· 现物订货的开始（双箱存料法，Double Bin）、订货点方式（fixed-quantity system）、看板生产方式（Just-In-Time，简称JIT）

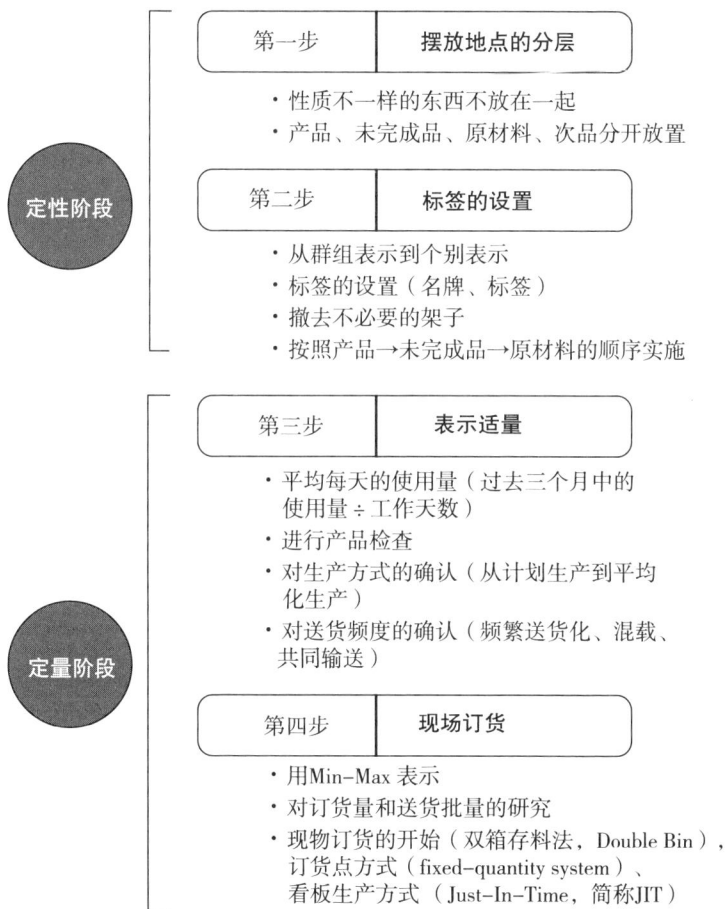

怎样来进行定量化呢？首先从标注平均每日的使用量开始。以此为基础，再根据现场物品的多少来作出适

043

当的调整。 此时的关键在于"生产方式"和"送货的频度"这两点。 将计划生产转向平均化生产，并努力提高送货的频度。 在开展整顿的同时也进行改善活动，而且，随着改善的继续，通过现物管理进行原材料的订货就会变成可能。 整顿的目的在于，在生产现场就可以进行从进度管理到调配指示等一系列的活动。

6 目视化管理

◆——在讲究速度的时代"目视化管理"才是关键

所谓"目视化管理"是指，通过三现主义（现场、现实、现物）来开展管理的方法。 生产管理不能顺利进行的主要原因在于，生产现场被间接地交给其他部门的人管理。 "目视化管理"是一种直接的管理方法，是使生产管理业务顺利开展下去的非常有效的手段。

例如，整顿的方法在于，不通过账簿和传票等信息系统来管理库存，而是通过现场、现物来进行管理。 这是因为通过数字这个媒介来管理的话，仅输入数据就得花上一定时间，而且要做到及时准确地持续更新数据的话则又是难上加难。 此外，还会产生由判断导致的时间上的损耗。

◎ 可视化管理以及示例

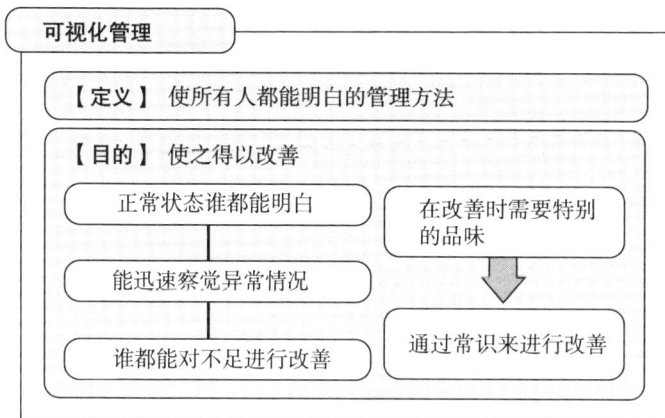

可视化管理

【定义】 使所有人都能明白的管理方法

【目的】 使之得以改善

正常状态谁都能明白

能迅速察觉异常情况

谁都能对不足进行改善

在改善时需要特别的品味

通过常识来进行改善

【示例】

看板战术	通过整顿将现物贴上标签
提示灯	出现零部件用尽、设备故障等情况时用亮灯来提示
生产管理板	定时在黑板上公布计划数、实际完成数以及离目标差额
集中展示台	在工厂内集中展示不良品
单点课程	通过实物来展示产生不良品的原因及其解决对策
检查表	检查是否正在按照标准化作业进行操作
改善项目一览表	将改善项目、负责人、交货期等进度情况表示出来
多能工表	根据作业人员以及作业名称来制表,表示出技能训练计划
人员配置表	将作业的编成以及人员配置等信息用图表的方式表示

045

在品质管理方面，仅通过数据上的管理也是存在局限的。例如会产生"花费大量时间收集数据"以及"没有数据分析所需的生产量"等等不足之处。但是，应用"可视化管理"的话，在生产现场产生的不良品马上就能被工人发现。在不良品被发现之后，接下来就是减少不良品的产生。在探究不良品产生的原因时，我们不难发现近八成的次品是由于工人操作上的失误所导致的。针对这种情况，我们应该及时将不良品产生的情况反馈给工人，并直接指导他们应对的方法，然后让监督员定时对结果进行监督和检查。通过"集中展示不良品"、"单点课程（one point lesson）"、"检查表（check sheet）"等方法，达到教育员工的目的。

在我们这个讲究速度的时代，这种不通过数据等间接管理方式，而是通过现场、现物来进行管理的方法的重要性正在与日俱增。

7 从分工作业到"流程化生产"

◆——支持工业生产的分工作业

自从工业革命以来，分工作业一直是支撑工业生产的方式之一。在分工作业时代到来之前，制造都是靠有着长时间经验积累的工匠来完成的。所以，生产一件产品要花费大量的时间，但是生产量却很难得以提高，所以做出来的商品价格又高又很难满足市场的需求。

与此相对，在分工作业的时代，工作被细致地分成许多工序，这样使得每个工序变得单纯化、标准化、彻底化。 分工作业的发展，使得生产量产生了飞跃性的增长，所以才能像今天这样，大量的质量稳定且便宜的产品能够供给市场。 由于是单纯化作业，因此没有什么经验的人也能马上上岗。 所以越来越多的人能走上工作岗位，挣到钱，同时对商品的需求也不断地增长。

通过分工作业，生产由每个工序分别来完成，组织也按照工序来组成。 但是，问题也就由此产生了。 调整不同工序的方法和实力之间的差异也就成了迫在眉睫的问题了。 由此，生产管理业务就随之诞生了。

◆——通过改善工序，促进生产流程化

但是，近来情况却发生了变化。 主要是我们的消费者需求发生了变化。 以前只要最低限度的必需品到手就会得到满足的消费者，现在却产生了要和其他人的东西不一样的新需求。 大量生产同样产品的分工作业方式，已经越来越不能满足顾客的新需求了。

为了解决这个问题，我们想到的是改善工序的"流程化生产"。 这是一种将消费的变化及时反映到生产产量中的方法。 通过和工序直接相联系，削减了积压和搬运的时间，也就缩短了投产准备周期。

047

和以工序为单位开展作业的做法不同，流程化生产是看着产品在生产线上生产出来的生产方式。

在这种生产方式中，生产一个产品的开发周期和其生产时间是一致的。如果按照以前的生产方式的话，开发周期要花上 10 天的时间，现在生产一个产品的时间是 10 分钟，所以其开发周期也就缩短为 10 分钟了。

◎流程化的改善

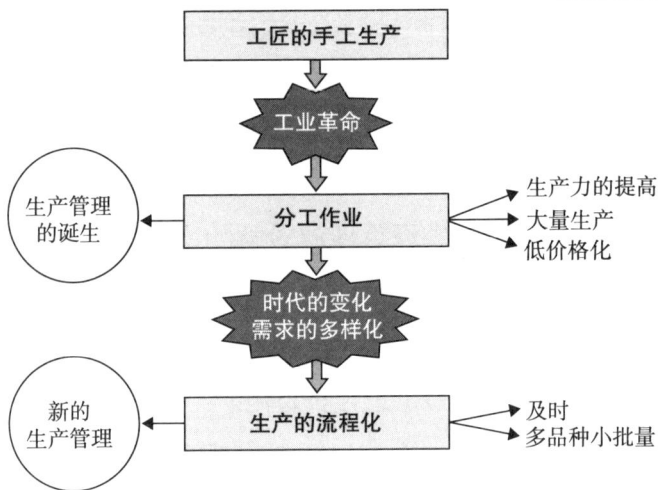

```
            ┌─────────────────┐
            │   工匠的手工生产    │
            └─────────────────┘
                    ↓
               ╱ 工业革命 ╲
                    ↓
┌────────┐   ┌─────────────────┐      → 生产力的提高
│ 生产管理 │ ← │    分工作业      │      → 大量生产
│ 的诞生  │   └─────────────────┘      → 低价格化
└────────┘
                    ↓
            ╱ 时代的变化    ╲
            ╲ 需求的多样化 ╱
                    ↓
┌────────┐   ┌─────────────────┐      → 及时
│  新的   │ ← │   生产的流程化    │      → 多品种小批量
│ 生产管理 │   └─────────────────┘
└────────┘
```

8 如何实现生产的流程化

生产的流程化是实现主攻型生产管理的必要条件。为了尽快实现主攻型生产管理，就要解决下列重点课题。

048

◆——工人的多能工化

由于工序之间的连续，使得每个工作人员都得兼任几项作业。 因此，工人的多能工化就显得十分必要了。 就拿组装作业中从事拧紧螺丝这一项工作的工人为例吧。 在生产的流程化中，这些工人必须掌握焊接或者选择不同规格的零部件进行组装等多种工艺。 而且，为了进行跨工序作业的话，还必须掌握检查作业以及捆包作业等。 如何尽早地落实这样的培训十分重要。

◆——设备配置的改善

工序改善最基本的是要配合其他相关工序一起进行。 通过前后工序的设备移动，使条件得以具备。 那些空间上不能移动的设备可能会成为生产的薄弱环节，所以，着手于以此为中心的高效设备配置就变得十分必要了。

接下来我们来谈一谈，由一个单位的作业转入到下一道工序的改善方法。 在一个批次里面完成的产品想在一个单位内完成加工的话，就要花上一定的工夫。 也就是说通过技术上的探讨来实现一个单位内的加工。 如果通过技术也不能实现的话，就得尽可能地减少每批次的数目，在小批量下进行流程化生产。

049

	大批量生产方式	流程化生产方式
生产方式	批量生产 计划生产 机械指挥生产	单件流程化生产 平均化生产 生产周期（Cycle Time）式生产
人	单能工 拥有多台机器的生产线 坐着作业	多能工 多工序系统 站立作业
物品	在库半成品较多 搬运量也较大	几乎没有在库半成品 几乎不用搬运
设备	按照职能配置 大型、通用、高价	按照工序配置 小型、专用、廉价
信息	集中型成批处理 较多的信息量	自律分散型处理 较少的信息量

9 自动化战略

自动化是提高利润的有效手段之一。但是，如果你认为只要实行自动化就能降低成本的话却是大错特错。

◆——半自动化是时代的需求

我们在探讨自动化的时候，最为重视的是花多长时间才能回收投入的资金。 在片面追求数量增长的时代，自动化是一种对未来的投资，但是在现今，自动化却被认为有使资本固定化的危险。 所以，在我们讨论自动化的时候，作为其替代方案，充分考虑人的潜力则是十分必要的。 如果劳动生产率的提高速度超过自动化的话，那么即使实施自动化也不会有什么效果，反而会成为无回报的投资。 此外，还必须考虑充分利用国外的廉价劳动力这个有力因素。

从以上的观点来看，半自动化可以说是时代的需求、时代的方向。 但是，我们得先分清楚是对人作业还是对机械作业。 例如，微调是不适合自动化的，将工序分段的自动化也是不适合整体的。

◆——检测自动化的职能

我们在实施自动化之前，必须要从各个侧面对自动化进行多方面的探讨和研究。 因为，技术部门经常会一味只想着实现自己的梦想，不计得失和损益。 因此，设想应对将来诸种变化以及各种条件下的应对方法的检测就显得十分必要了。

051

自动化的基本原理

（1）摆脱资本的固定化
　　资本的固定化已经成为最为危险的现象
（2）逊色于人类的自动化设备
　　充分发挥人类所具有的潜能
（3）通向半自动化的道路
　　区分人和机械是关键

自动化的检测表

（1）能否应对数量的变动？
　　能否应对销售增加时的要求；能否应对销售减少时的要求？
（2）是否考虑了生产的流程化？
　　小批量生产是否可能？
（3）出勤制度是如何考虑的？
　　可否从昼勤（6:00～14:00）向前夜勤（14:00～22:00）转换？
　　可否从两班制到24小时制度转换？
（4）是否谁都能操作？
　　应急时候的人员配置如何？
（5）配置计划的应对如何？
　　是否考虑过以人为中心的配置计划？
（6）是否考虑了设备的保全？
　　设备是否比较容易清洁？是否考虑了源流对策？
（7）能否进行加工？
　　如果发生异常情况的话，会不会变成死机器呢？
（8）投资效率如何？
　　即使生产条件有所变化是否也能赚钱呢？
（9）这个自动化能否进行改进？
　　是不是按步骤来考虑自动化的呢？
（10）能否确保其竞争力？
　　是否容易被人模仿呢？

052

10 整备（段取）^①的改善

◆——改善整备的意义在于缩小批量规模

缩短整备时间（段取替え）的话会带来什么样的效果呢？ 肯定会有人说，减少停产的时间肯定能带来生产能力的提高啦。 但是，事实上却大相径庭。 其实整备的真正目的在于缩小生产批量规模，增加生产机会。 如果将本来花费 1 小时的整备时间缩短到 10 分钟，那么批量规模将减少到原来的六分之一，生产机会将随之增加六倍。 尤其在生产变动较大且交货期比较紧的情况下，这点非常重要。 此外，批量规模的缩小对制订生产计划也十分有效，因此，生产管理部门须积极主动地参与。而且，整备时间被缩短后，应使之立即反映到生产计划中去，这样才会产生应有的效果。

◆——快速换模操作（SMED，Single Minutes Exchange of Die）^②

所谓快速换模操作是指，为了进行整备，将设备以

---

① "段取"的意思就是为了生产而进行的准备工作，这实际上也是 TPS(丰田生产方式)的专门用语。举个例子说，比如说注塑机换模具的时间就是"段取"。一天要注塑两个品号的产品,产品所用模具不同,那么,完成一个产品的生产以后,就要更换为下一个模具,更换模具的时间就属于"段取"。当然,更换完模具后,调试模具、试料等,也都算入"段取",直到能生产下一个品号产品为止。

② SMED (Single Minutes Exchange of Die)是在 20 世纪 50 年代初期日本丰田汽车公司摸索的一套应对多批少量、降低库存、提高生产系统快速反应能力的有效技术。快速换模法这一概念指出,所有的转变(和启动)都能够并且应该少于 10 分钟——因此才有了单分钟这一说法。所以又称单分钟快速换模、10 分钟内换模法、快速作业转换法。

053

整备改善是走向流程化生产的必须过程！

快速换模操作的改善步骤

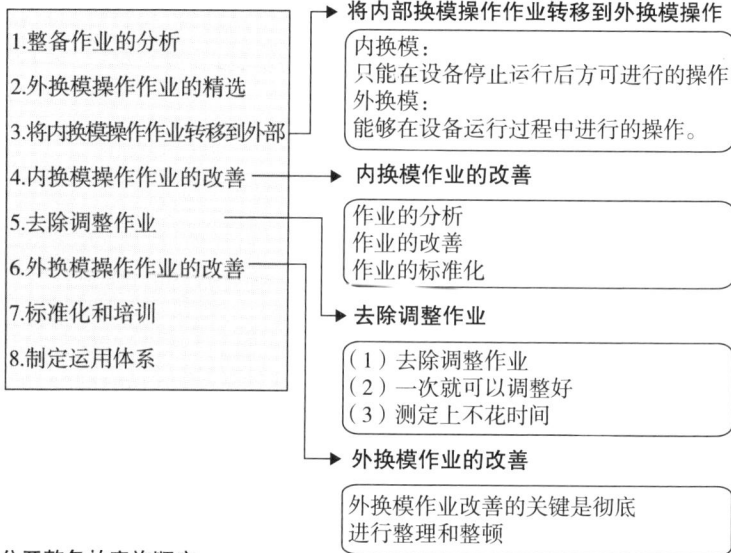

1. 整备作业的分析
2. 外换模操作作业的精选
3. 将内换模操作作业转移到外部
4. 内换模操作作业的改善
5. 去除调整作业
6. 外换模操作作业的改善
7. 标准化和培训
8. 制定运用体系

将内部换模操作作业转移到外换模操作

内换模：
只能在设备停止运行后方可进行的操作
外换模：
能够在设备运行过程中进行的操作。

内换模作业的改善

作业的分析
作业的改善
作业的标准化

去除调整作业

（1）去除调整作业
（2）一次就可以调整好
（3）测定上不花时间

外换模作业的改善

外换模作业改善的关键是彻底
进行整理和整顿

公开整备的实施顺序

1. 明确改善整备的必要性
2. 和高层会晤
3. 宣布开始和结束
4. 灵活运用VTR
5. 现场整理改善方案
6. 在修正案的基础上决定标准
7. 决定目标时间
8. 计划下一次的公开整备

054

及生产线停止的时间的单位设为一，也就是将停止时间
控制在 10 分钟之内的活动。 内换模操作（内段取）是
指那些只能在设备停止运行后方可进行的操作；外换模
操作（外段取）则是指那些能够在设备运行过程中进行
的操作。

◆——公开整备

虽然知道缩短整备时间的重要性，但是以管理者为
首的工作人员，实际参与整备的实例则极为少见。 所谓
公开整备是指，按照步骤通过聚众人之智慧，采取的简
单且迅速能解决问题的整备。 对于生产管理负责人来
说，这与他对现状的把握以及生产计划的反映有着一定
的联系。 而且，领导层的积极参与还能带动其他员工的
积极性，所以，请大家务必尝试。

11 生产现场是"保守型生产管理"的主角

◆——生产现场的改善是生产管理改善的必要条件

下面我们围绕生产现场的改善对生产管理所产生的
影响这点来谈一谈。

如果 5S 或者目视化管理做得不好的话，那么现场、
现物的管理就不可能做得很好。

同时，也会增加管理业务的工作量。 生产管理并非

是仅为了管理不需要的东西而存在的。毕竟，在管理过程中，寻找零件也是同样需要时间的。

如果开展流程化生产的话，将不用进行工序管理，而且，较短的开发周期也能较容易地开展生产管理的工作。整备改善要是能顺利进行的话，小批量的生产计划也将变为现实。

◆——以生产现场职能的扩大为目标

现在，我们必须要从根源上重新认识在分工作业时代最为重要的部门间的业务调整。

今后，生产现场将成为保守型生产管理的主角。这里所说的"保守型"是指工厂内的生产管理的业务。曾是分工作业时代主流的工厂内的生产管理业务，在现今这个要求多品种小批量化生产的时代，需要通过现场改善将其简单化。那种认为只要弄到数据就可以进行管理的想法已经要不得了，必须马上抛弃。如果在工厂内还留有这种生产管理业务的方法的话，是无法适应多品种小批量化生产的时代要求的。而且，在完成改善后，关于剩下的需完成的生产管理业务，应该是生产现场改善需要实施的方向。

综上所述，将保守型的业务移交到生产现场的生产管理部门，今后需向主攻型的生产管理方向进行职能转换。

◎向生产现场移转职能

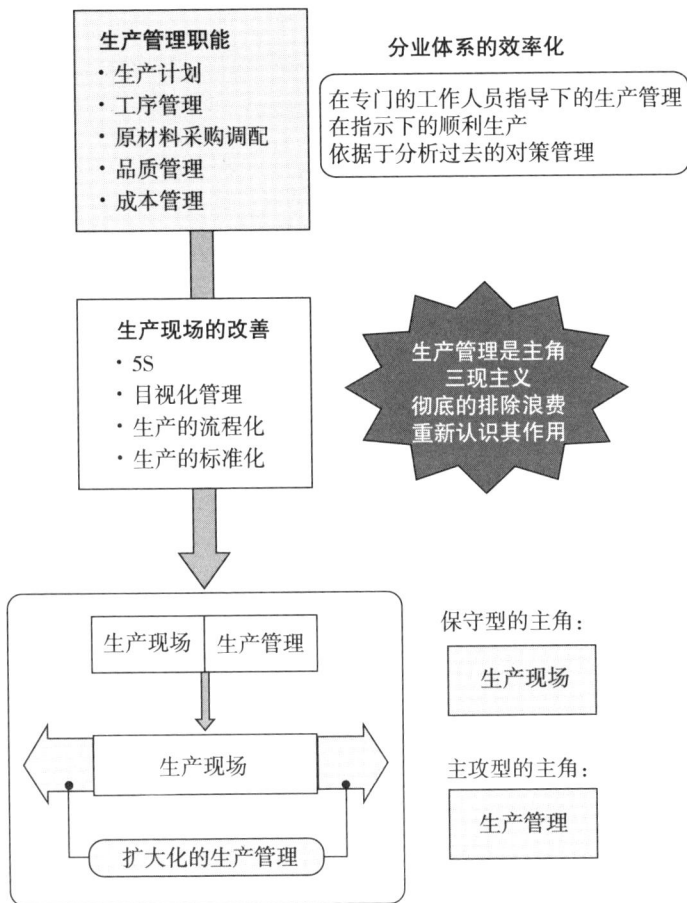

生产管理职能
· 生产计划
· 工序管理
· 原材料采购调配
· 品质管理
· 成本管理

分业体系的效率化

在专门的工作人员指导下的生产管理
在指示下的顺利生产
依据于分析过去的对策管理

生产现场的改善
· 5S
· 目视化管理
· 生产的流程化
· 生产的标准化

生产管理是主角
三现主义
彻底的排除浪费
重新认识其作用

| 生产现场 | 生产管理 |

生产现场

扩大化的生产管理

保守型的主角:

生产现场

主攻型的主角:

生产管理

057

第四章
生产计划体系的基础

1 生产计划的重要性

　　除了生产计划之外，很少有业务需要联系这么多的部门。工厂内当然不用说，与总公司、营业部门、开发部门等部门之间的业务调整都是必要的。除此之外，与批发商、零售商、消费者之间，以及和原材料采购调配商之间的协作也是其业务内容。

　　◆——生产计划是工厂经营的出发点

　　在管理学中有 PDCA 的说法。 PDCA 是指 Plan（计划）—Do（执行）—Check（检查）—Action（对策）的意思。 在这个 PDCA 管理循环中，最为重要的一个步骤是

Plan 这一步。 但是，如果有好的计划却不去执行的话，那么即使有再好的计划，也是不能达到赚钱的目的的。

生产计划能否顺利实现，是关乎工厂经营甚至企业经营成败的决定因素。 因此，我们有必要对此有一个基本的认识。

如果在以前那个大量生产同样产品的时代，即使是出了事，再进行事后弥补也是没有关系的。 因为，虽然不小心生产了许多产品，不幸产生了库存，但是不管怎么样库存总会处理完，即使生产耽误了，也能够用库存应付过去，绝对不会发展到丧失商机的地步。

但是现在，情况却发生了改变。 如果抱着库存迟早都会卖得出去这种天真的想法是行不通的。 由于商品的寿命变短，竞争变得异常激烈，一旦发生失误的话，就会频繁地出现库存，最后变成不良库存。 另一方面，如果生产延误的话，就会使库存的价值跌到极限，最终导致失去商机的严重后果。 所以，在生产计划体系中最为基本的是事前调整，而非以前的事后调整。

◆——越来越重要的生产计划

那么，决定事前调整的又是什么呢？ 大略说来，有商业计划和责任权限这两点。

到底什么样的销售方法能赚到钱呢？ 依照计划，由各不同部门的作用以及其职能来决定。 但如果各个部门各执一词的话，业务是无法顺利运营的。 所以，首先我们得确立适用于全体的商业计划，然后在决定好的计划的指导下，再明确各个部门的责任权限。

这样一来，事先调整好并明确责任这点就变得越来越重要了。

◎生产计划的地位

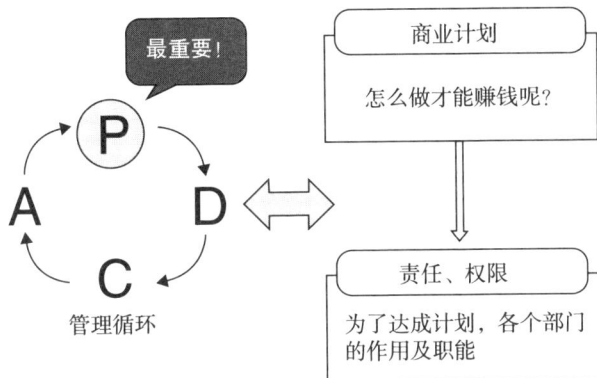

2 生产计划所要求的职能

◆——统御各个部门的职能

对于营业部门来说，最为关心的是能否按照预期目标实现销售额的增长。 而对于设计部门而言，最大的兴趣在于新开发的商品能否顺利地投入市场并被市场所接受。 而厂长阶层们，整日为生产的负荷状况以及能否确保充分的利润而伤脑筋。 成本部门、品质管理部门、原材料采购调配部门……每个部门都有自己的职能范围。但是，如果每个部门仅完成自己职责范围的工作的话，并不能确保最终企业目标的达成。 我们把这个称为"部分最佳之和不等于全体最佳"。

而生产计划则要具备把各个部门职责范围的要求进行均衡地调和，以此最终达到实现企业目的的职能。 笔者将此称为"统御各个部门的职能"。

◆——制定生产计划的诀窍

制定生产计划的诀窍在于如何收集多部门的信息，并进行调整。 为了做到这点，就需要有灵活的机动性以及对信息重要性判断的意识。 在现今这个信息化的时代，即使足不出户都能获得一定的信息，但是，其实真正有价值的重要信息，还是需要亲自出击去获取的。

◆——常规渠道以外的信息

在公司内部，有固定的信息获得途径。 这是指通过营业、开发以及总公司的企划等渠道获得信息。 这些渠道所获得的信息固然很重要，但是，我希望大家能通过公司外部来获得信息，并在这条渠道上多下些工夫。 由此获得的信息在判断市场动向、制定生产计划时是不可或缺的参考对象。

◎生产计划的课题以及必要的职能

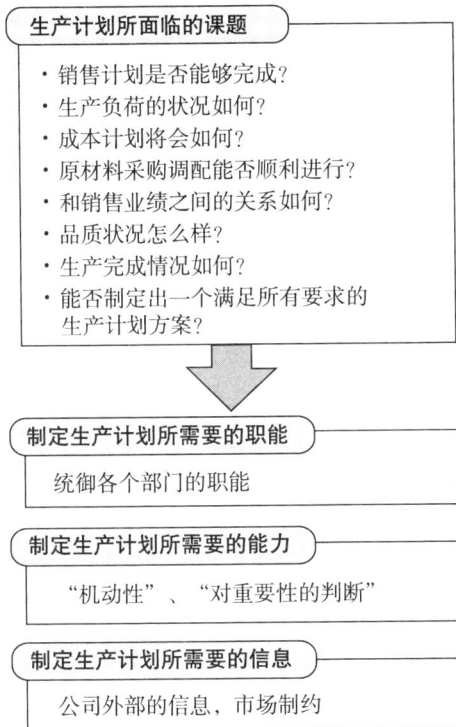

生产计划所面临的课题

· 销售计划是否能够完成?
· 生产负荷的状况如何?
· 成本计划将会如何?
· 原材料采购调配能否顺利进行?
· 和销售业绩之间的关系如何?
· 品质状况怎么样?
· 生产完成情况如何?
· 能否制定出一个满足所有要求的
　生产计划方案?

制定生产计划所需要的职能

统御各个部门的职能

制定生产计划所需要的能力

"机动性"、"对重要性的判断"

制定生产计划所需要的信息

公司外部的信息，市场制约

3 生产计划的种类

生产计划在制定当初就决定了其作用。因此有必要
制定符合目的的生产计划。

063

◆──为了企业经营而制定的生产计划

如果是 1 年期或是 3 年期的生产计划，则大多包含了经营计划性的成分。 也就是说，相当于为探讨中期经营和长期经营而制定的生产计划。

在上述的生产计划中需要检验的是经济形势、市场动向等外部环境以及像新产品的开发、新技术、工厂的新设备、投资等内部问题。 以生产计划的形式探讨公司内外的信息，并进行决策制定。

在此需要注意的是，不要过于追求效率而轻率地做出结论。 我们要的不是通过百分比得出的大概的趋势性结论，而是用数字将今后预想到的活动以及条件表示出来，然后一个一个进行论证检验。

◆──为了信息的开展而制定的生产计划

这是以一季度（三个月）为中心而制定的计划，在与原材料采购相关的工作中，作为准备信息使用，此外，也作为考勤制度和对外交涉的资料使用。 这种信息分为两种，一种是提供具体性的条件，另一种是提供方向性的条件。 所以制定这种生产计划的关键是，根据其使用目的来判断制作的精确度，并在适当时候制定。

◆──为了生产的执行而制定的生产计划

这种生产计划主要应用于生产指示以及原材料采购指示。 其关键在于进行什么程度的指示。 如果是较为粗略的生产计划，将会缺乏统管力度，如果是过于详细的计划，则会缺乏计划的灵活性。

◎生产计划的流程以及种类

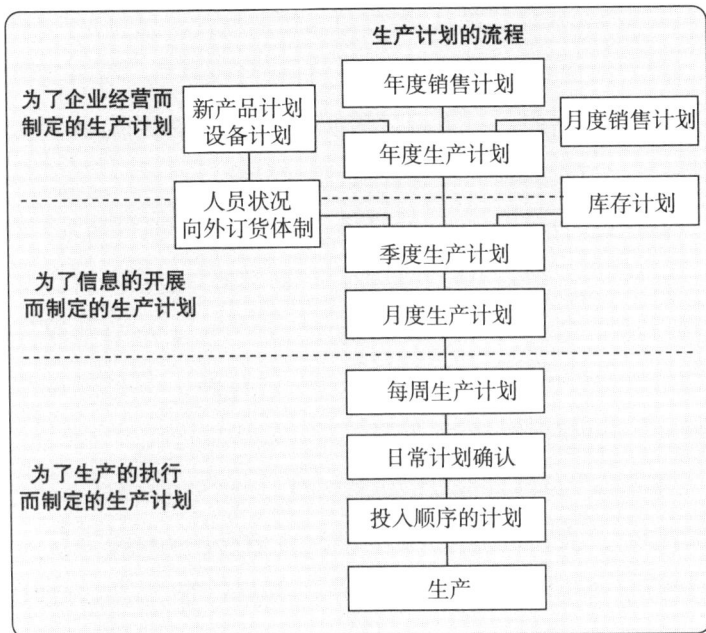

生产计划的流程

为了企业经营而制定的生产计划	新产品计划 设备计划	年度销售计划	月度销售计划
		年度生产计划	
	人员状况 向外订货体制		库存计划
为了信息的开展而制定的生产计划		季度生产计划	
		月度生产计划	
为了生产的执行而制定的生产计划		每周生产计划	
		日常计划确认	
		投入顺序的计划	
		生产	

① 年度生产计划
  是制定日后生产计划时的基础资料
② 季度生产计划
  用于每个月的人员配置计划、零部件及原材料需求计划的制定
③ 月度生产计划
  作为部件、材料需求计划书用于公司内部指示
④ 每周生产计划
  根据销售情况来制成
⑤ 日常计划确认
  根据销售的实时信息来确定计划
⑥ 投入顺序的计划
  通过平均化后的工时差来决定生产顺序

065

4 每周生产计划

◆──最为重要的生产计划

曾经有人就"苦于生产计划的变更太多了，怎么办啊……"的问题找我咨询过。 在这个时候，我一定会问他下面这个问题，"是不是过了月中，变更就多了起来了呢？"大体上得到的答案都是肯定的。

解决这个问题的方法就是每周生产计划的确立。

在大部分企业中，每周生产计划都是按照月生产计划的方法制定的（月生产计划是以一个月为单位制定的计划）。 这个方法在以前虽然非常有效，但是随着时间的推移，问题也越来越多了。 这是为什么呢？

其实，为了应对市场的变化以一个月为单位来制定计划的话，确实有点太长了，是无法及时体现市场变化的。 现在来说恰到好处的时间长度是一周。

◆──每周生产计划是什么

既然是每周生产计划当然得每周都得制定。 确立好下一周计划以后，下下一周以后就可以以此类推了。 确立好的下周计划就成了一种指示性的信息，下下周以后的计划也成了对零部件制造商的指示性信息了。 然后根据每周的上下波动，对生产计划进行调整。 前一周指定的生产计划再经过微调后，就最终成为确定计划。

◆──在实施中要注意的地方

近来，在与零部件厂商的交易中，上文所提到的指示性信息变得越来越重要了。因此，要求每周生产计划所提示的范围是长期的。因为可能发生零部件的买卖责任纠纷等情况，所以对于刚才说到的提示，需要大家特别注意。

如果在公司内部使用的话，将每周生产计划加以扩大来使用也没关系，但是如果是在公司外部用的话，有时有必要在将每个月的实际情况进行整理的基础上再进行使用。因为这种情况下，毕竟是一个大概估计的数据，多多少少有些粗略，所以有必要在整理数据时多下些工夫。而且，在以销售信息为主要内容的市场动向方面，如果能添加上原因的解释等提示的话，将更为有效。

◎波动的每周生产计划

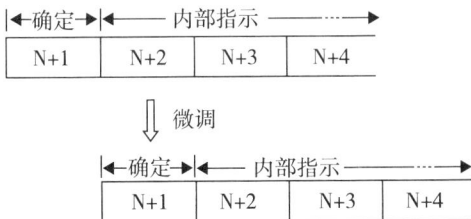

〈每周生产计划〉

◀确定▶	◀──── 内部指示 ────···▶		
N+1	N+2	N+3	N+4

⬇ 微调

◀确定▶	◀──── 内部指示 ────···▶		
N+1	N+2	N+3	N+4

> 每周生产计划是指先确定好下周的生产计划，然后在此基础上大概确立下下周的。这就可以对下一周的预定和指示起作用。每周都以此为基础，在经过微调之后再运用到实际中。

对于有些公司来说，周计划可能会比较粗略，无法起到指导性的作用，所以有必要制定每日的计划。但是实际上，大多数场合，是由于管理水平太低，所以每天都得确立计划，这样一来就十分麻烦了。

最后，请大家一定要注意千万不要把随心所欲制定的生产计划，和水平较高的生产计划混同起来。

5 每周生产计划会议

◆——每周生产计划会议是什么

为了制定每周生产计划，所以每周都要召开生产会议。在每周生产会议上，各个部门集中起来，以下一周的生产计划为中心议题进行讨论。

在这个会议上，针对生产过程中可能会出现的各种各样的问题以及条件进行探讨研究。在会议上，不仅有市场动向的信息，而且汇集了工厂内最新的信息。"生产是否顺利？""设备是否出现故障？""零部件的采购情况如何？""出勤率怎么样？""技术上有无问题？"等等都是在谈论的范围之内。

此时，要切实地将"下周有没有因为农忙要休息的工人啊？""有没有参加 PTA 的主妇啊？"等信息也包含进去，这一点非常重要。也许有人会说，这样的话未免太细了，其实不然。有时候正是因为忽视了这种类型的信息，才使得制定的计划难以达成。

即使在制订月度生产计划时被忽视的内容也要在每周生产计划中进行认真探讨。

◆——4 倍的速度

标题中的所谓 4 倍的速度是什么？

这是指以前用一个月的时间完成的工作循环，现在用一周的时间来完成。 以周为单位循环的重点是，以从前 4 倍的速度反映最新信息。 其结果是，其他的工作的循环也得以缩短到以周为单位。 这是因为，工厂信息的集大成是制定每周生产计划的基础。

这样一来，周计划就成为以后速度时代的象征。

◆——每周生产计划的实施时期

那么，每周生产计划到底应该在什么时候开始制订呢？

决定制订时期的关键因素是原材料采购调配变更的可能性。 关于这种可能的探讨也许要从 3 周或者 4 周前就开始进行。 但是，另一方面，如果太早决定的话，依据以后情形的变化，修改生产计划的可能性也要增加。所以，尽可能地在临近的时候来决定。

虽然根据行业的不同有所差异，但是一般的情况下，把相反的条件综合起来考虑，在上一周的周二左右制订是比较妥当的。

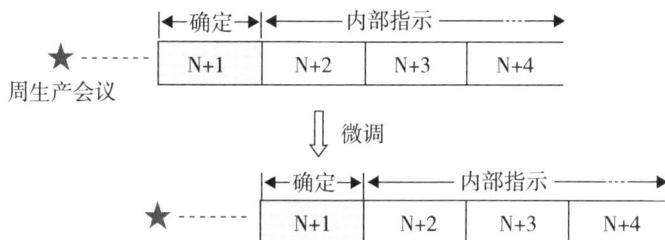

周生产会议是为了确定每周生产计划而召开的会议。在会议中，销售情况、库存情况、生产进展情况、零部件采购情况、出勤率的预测等与生产相关的所有条件将会被综合起来进行考虑。

6 负荷计划

◆——所谓负荷计划是什么

在设备型工厂里所采用的工序安排就是负荷计划的思维方式。

所谓负荷计划，简而言之是指按工序和设备的类别，比较生产计划中制定的工作日和生产能力的方法。

如果每个工序所担负的负荷情况（工时和能力的平衡）零散的话，生产就很难进行，即使能进行生产也会产生较多的浪费。 这个负荷计划就是为了平均负荷而想出的办法。 通常的做法是先计算出各个工序的负荷，然

后对工时和生产能力进行仿真比较。 在大多数的生产日
程安排中经常运用到这个负荷计划。

◎ **负荷计划的实施步骤**

步骤一	**工序类（机器类）所需工时的计算**
	• 计算单个工序（机械）的生产所需的时间（等于工时）。 • 通常是按以下步骤进行计算： 　产品类工时的计算 → 工序的展开 → 工序类工时的计算 • 所谓工序的展开是指，明确生产每个产品所必须的工序以及机器。

步骤二	**工序类（机器类）生产能力的计算**
	• 生产能力的计算，分以人为计算对象和以机器为计算对象两种情况。 【以人为计算对象的情况】 　平均一个人一个月的生产能力 　　＝一个月的劳动时间×出勤率×能率 【以机器为计算对象的情况】 　平均一台机器一个月的生产能力 　　＝一个月的劳动时间×开工率

步骤三	**所需工时和生产能力的探讨**
	• 所需的工时＜生产能力 　…可以接受更多的订单 • 所需的工时＝生产能力 　达到一个良好的均衡状态 • 所需的工时＞生产能力 　…可以采取改善、加班， 　　采用临时工、向外部订货、延迟计划等手段

071

◆——负荷计划的问题点

虽然理论上负荷计划的想法很好，但是实际上会经常出现判断错误的问题。

让我们来看一下设备负荷的计算。 例如，制定的工时是否正确！ 是不是通过实际操作测定来决定工时呢？在人和设备配合的情况下，它们之间的关系是不是通过联合作业分析研究，准确计算出来的呢？ 事实上，在很多情况下，不是通过实际操作得出来的，而是直接沿用了过去的数据，或是照搬产品生成时的数值。 我们也能经常见到将设备制造厂商所标注的数值直接用作设备能力数值的情况。 实际上，用秒表一测，得出来的结果却大相径庭这样的事情经常发生。

7 具有可行性的负荷计划

◆——设定标准时间面临的最大问题

为了正确地计算出工时以及生产能力，我们能够正确地设定标准时间吗？ 首先，我得告诉大家，这是不可能的。 这是因为存在多种多样的产品，此外还会出现生产计划的变更以及新技术的适用等多种状况。 如果要在一一应对这些状况的基础上设定一个标准时间的话，得花费大量的工时。 即使勉强能够制定出标准时间，可能刚刚制定出来一个，由于产品寿命的变短，马上又得花上同样的工夫和时间去制定下一个标准时间。 这样的话，永远都制定不出来可以实际使用的标准时间。

◎依据负荷计划需要研讨的事项

关注工序瓶颈！

以前的想法

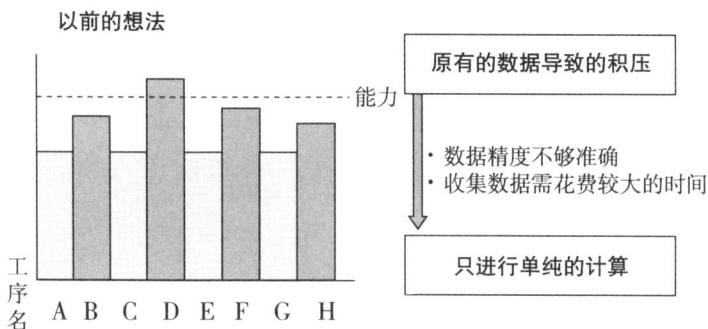

能力

原有的数据导致的积压

· 数据精度不够准确
· 收集数据需花费较大的时间

只进行单纯的计算

工序名 A B C D E F G H

集中讨论工序瓶颈

① 工序D是瓶颈
② 明确工序D的生产出货量
③ 设定工序D中不同类别产品的标准时间
④ 在生产能力不足的情况下，实施改善
  · 通过批量生产来削减整备的时间
  · 通过改变生产顺序来削减整备的时间
  · 通过向其他的工序做作业移交的方式来削减循环时间
  · 灵活运用向外部订货（委托加工）来提高生产能力
  · 通过加班以及节假日出勤的方式提高生产能力
  · 通过技术手段来提高成品率
  · 通过技术手段来缩短循环时间

073

◆——集中于工序瓶颈的负荷计划

为了有效解决以上问题，我们可以考虑着眼于工序瓶颈方面。 首先我们预先选定一个生产能力最为不足的工序。 接下来，我们仅针对这个工序来进行标准时间设定的操作。 根据这种方法可以大幅度减少设定标准时间所需的工时。 这样仅针对某一集中的工序，所有产品的标准时间就可以正确地加以确定了。

即使靠计算机的计算能力来制定负荷计划，如果基本数据不对的话，那么结果会导致什么都制定不了。 比起上面的做法，还不如仅仅以工序瓶颈为对象来计算好。 这才是明智之举。

此外，在生产能力不足的情况下，便不能轻而易举地进行调整。 这时，也可以考虑变换生产顺序，进行批量生产等方式，以确保生产能力。 即使是中断库存削减活动也得优先考虑生产能力的提高。 最后需要提醒大家注意的是，由于工序瓶颈会根据新产品的生产或是产品构成的变化而不断地有所变化，所以得时刻注意。

8 开发周期（Lead Time）

经常见到将开发周期的缩短作为生产改善活动目标的企业。 这是因为和以前相比，受销售情况的变化、原材料筹措的变化等的影响越来越大。 由于需要对应各种变化，因此，缩短开发周期是拥有灵活多变的生产能力所不可或缺的。

◆——开发周期的定义

上面我们虽然频繁地提到了开发周期，而且开发周期这个词最近经常能听到，但我们如何给它下定义呢？

其实，针对开发周期并没有合适的定义。每个企业按照各自的理解，对开发周期有不同的理解。这是由于对像范围不同，定义也不同。如果以工厂内责任范围的不同进行划分的话，那么开发周期的范围就是从"生产开始的时候到出货为止的期间"；如果把营业部门也包含在内的话，那么开发周期的范围就是从"接受订单包括原材料的订货，最终到顾客收货为止的期间"。

◆——生产批量大小的问题

在定义开发周期的时候，除了要考虑其定义范围，还得考虑生产批量大小的问题。因为同一个东西以一百个为单位生产和以一个为单位生产，这两种情况下的开发周期是截然不同的。即使生产一个产品的时间相同，但是如果生产一百个的话，就得等到第 99 个产品的生产的结束。相反，生产一个的话，其等待时间为零。因此，开发周期原则上是在以一个为单位的生产条件上进行定义的。当生产批量变大的情况下，有必要搞清楚在批量生产情况下所增加的量。

075

◎开发周期的定义以及与生产批量大小的关系

开发周期的定义

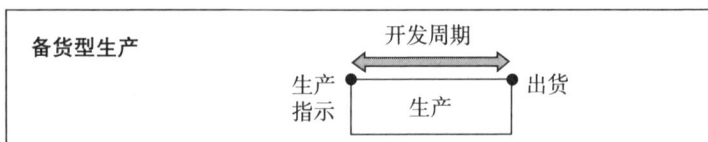

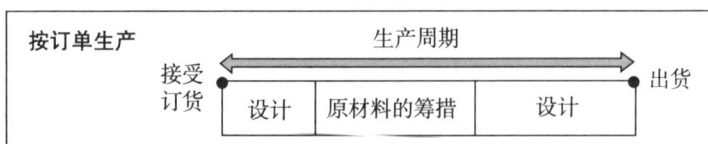

备货型生产

开发周期

生产指示 —— 生产 —— 出货

按订单生产

生产周期

接受订货 —— 设计 | 原材料的筹措 | 设计 —— 出货

生产周期和生产批量大小

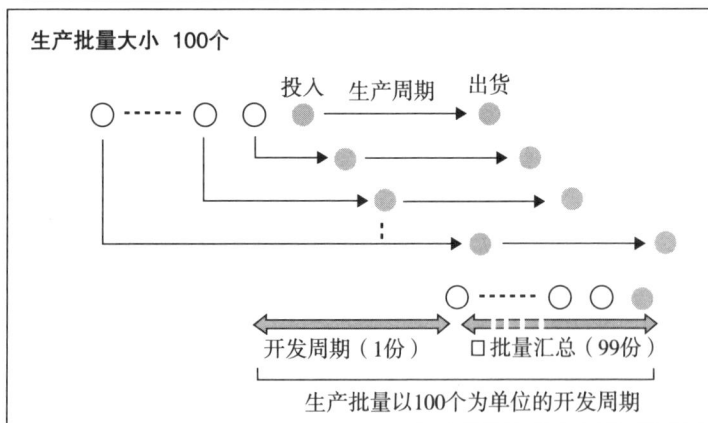

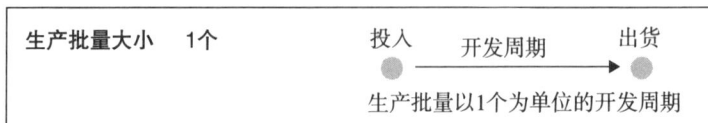

生产批量大小 100个

投入　生产周期　出货

开发周期（1份）　　□批量汇总（99份）

生产批量以100个为单位的开发周期

生产批量大小　1个

投入　开发周期　出货

生产批量以1个为单位的开发周期

076

9 根据生产步骤来进行生产日程安排

◆——通过倒数方式来制定日程

如果为了顺利生产出几个交货时间不同的产品，那么怎么办才好呢？ 答案是以每类产品的出货时间为基础，通过倒数的方法来制定日程计划，这样就能按时交货了。 在这个时候，所用到的指标就是我们本节要说到的生产步骤。

"在较早时期就确定好订单""拿到订单就开始生产""生产负荷是一定的""负荷要在生产能力之下"，理论上如果能满足以上给出的条件，那么生产计划的制定就不是一件难事。 但是，实际上必须先预测市场动向，在掌握生产变动的同时，才能进行生产。 所以，在依据生产顺序进行生产调度时，既需要简短的生产步骤同时需要变化幅度小而稳定的生产步骤。

◆——开发周期的缩短

有一种叫工序分析的方法。 如果将生产工序细分，可以分成加工、检查、搬运和停滞四种步骤。 在这其中，唯独"加工"一项是有附加价值的劳动，其他的步骤在消费者看来都是没有价值的劳动。

因此，最为有效的改善，是使得有附加价值的劳动——加工连续下去，来改善整个工序。 为了减少停滞、搬运等没有价值的劳动，就要尽可能地使工序与工序直接联系起来。这个过程就称作生产的流程化。

此外，必须拿出坚信生产信誉度增强后，可以不需要检查这样的态势。

◎以标准日程为基础制定的生产计划的示例

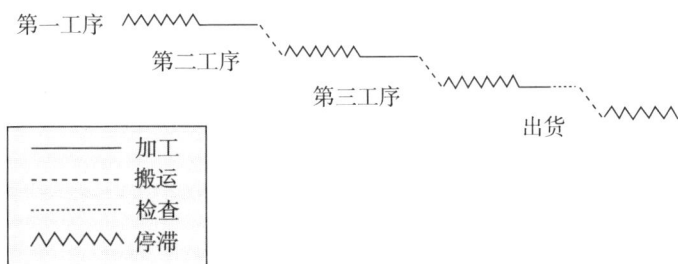

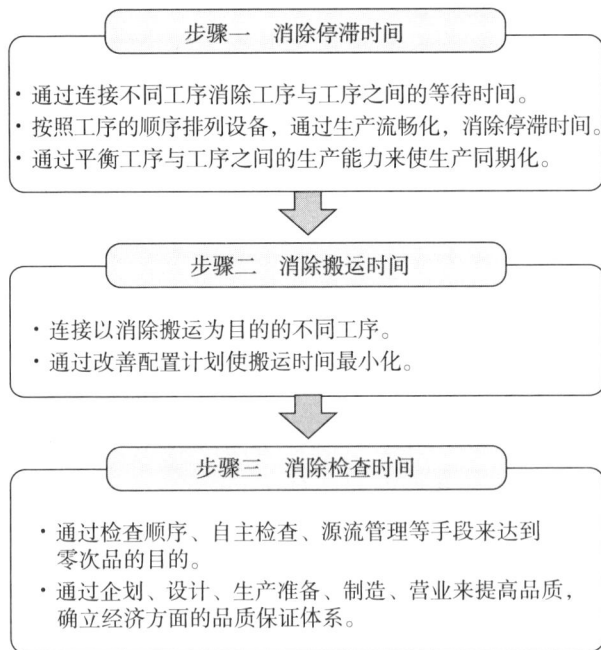

第一工序 〰〰〰〰〰〰
　　第二工序 〰〰〰〰〰〰
　　　　第三工序 〰〰〰〰〰〰
　　　　　　出货 〰〰〰〰〰〰

————	加工
- - - - -	搬运
·········	检查
〰〰〰〰〰	停滞

步骤一　消除停滞时间

· 通过连接不同工序消除工序与工序之间的等待时间。
· 按照工序的顺序排列设备，通过生产流畅化，消除停滞时间。
· 通过平衡工序与工序之间的生产能力来使生产同期化。

步骤二　消除搬运时间

· 连接以消除搬运为目的的不同工序。
· 通过改善配置计划使搬运时间最小化。

步骤三　消除检查时间

· 通过检查顺序、自主检查、源流管理等手段来达到零次品的目的。
· 通过企划、设计、生产准备、制造、营业来提高品质，确立经济方面的品质保证体系。

10 循环生产

现在我们的顾客给我们提出了新的要求，那就是要求高速的生产。 为了实现这一目的，我们就得用到循环生产这种生产方式。

◆——计算循环时间的问题点

所谓的循环时间是指生产一个产品所需的时间。 在计算循环时间的时候需要注意的是，以生产现场的现状为前提，单纯地将数值套入公式一算这样的做法万万不可。 因为这些数值都是包括了浪费在内的，都不是很精确的数值。 如果用这样的数值计算出来的结果去指导生产的话，就会使投入人员增多，以及需要用比必要时间更快的速度去生产，从而导致次品以致生产停止。

◆——改善的关键点

不是简单地根据概率计算，而是将缩短循环时间的要素进行个别地讨论。

关于计划停止时间，"早会晚会的时间安排是否合适？""检查时间是否进行过标准化？""基本规矩是否得到遵守呢？"等逐项检查。

关于工作率（劳动率），我们得考虑到"由于故障导致的损失时间及其解决对策是什么？""整备时间是

079

否已得到充分的改善？"等问题。

关于次品率，我们应该着眼于"次品的标准是否明确？""是否已经实施了针对次品出现源流的解决对策？"等方面。

◎循环时间的计算

【练习题】

工作（劳动）时间：8小时　计划停止时间：30分钟

工作率：85%　　　　　　次品率：10%

必要数：500个

请在这样的条件下，计算循环时间。

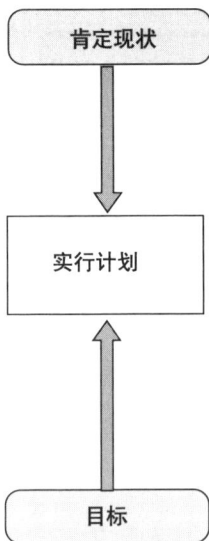

肯定现状

↓

实行计划

↑

目标

以现状为基础的理论值

（1）计算出一天可以工作的时间

一天可以工作的时间=

（工作时间–计划停止时间）×工作率

一天可以工作的时间=

（8×60–30）×0.85=382.5分

（2）计算出为了确保必要数量而需要的生产数量

生产数量=必要的数量÷（1–次品率）

生产数量=500÷（1–0.10）=556个

（3）计算循环时间

循环时间=

一天可以工作的时间÷生产数量

循环时间=

382.5×60÷556=41.3秒/个

追求极限的目标

循环时间=

一天可以工作的时间÷一天必要的生产数量

=57.6秒/个

循环时间是指为了制造顾客需要数量的产品所容许的时间。 因此，在计算时，不是将生产现场的条件照搬采用，而需要将改善等也考虑在内综合计算。 特别是生产管理的负责人更应该从这样的角度去考虑循环时间的问题。

11 标准时间是什么

◆——为什么标准时间如此重要呢

为了科学而富有理论性地推进生产管理，根据数据进行定量分析的过程是不可缺少的。 在生产中虽然用到各种各样的定量数据，但是其中最为重要的单位是时间。 为了对工序的负荷情况进行判断，为了赶上交货期，在决定生产顺序时，以所需要的时间为基础的计算是必须的。 此时，这个基础就是标准时间。

◆——标准时间所要求的功能（原则）

标准时间是指"所需时间"。 大家可以将它看作和地铁的标准时刻表类似的东西。 以八点到站为基准时间的话，有很多种排列组合的方法。 如果标准时间设定为五分钟的话，那么以此为基准，早点迟点都会引起计划的混乱。 这种精度就是标准时间所要求的精度。

所以，标准时间不能像"大概花了多少时间"或是

081

"差不多得花多少时间"那样含糊不清的答案。 如果标准时间含糊的话，那么计划就会失去其信用，不能得以贯彻实施了。

◎ 标准时间的定义、设定及活用

标准时间
定义
标准时间是指，标准的作业人员，在标准的条件下，以标准的努力开展作业所需的必要时间。
关键
"标准作业人员"
对工作有一定的熟练度和适应性的作业人员。
成年的作业人员。
"标准条件"
利用预先设定的设备和工具，使用预定的操作方法来开展生产。
标准作业。
"标准努力"
有一定干劲的作业速度。较快的速度。

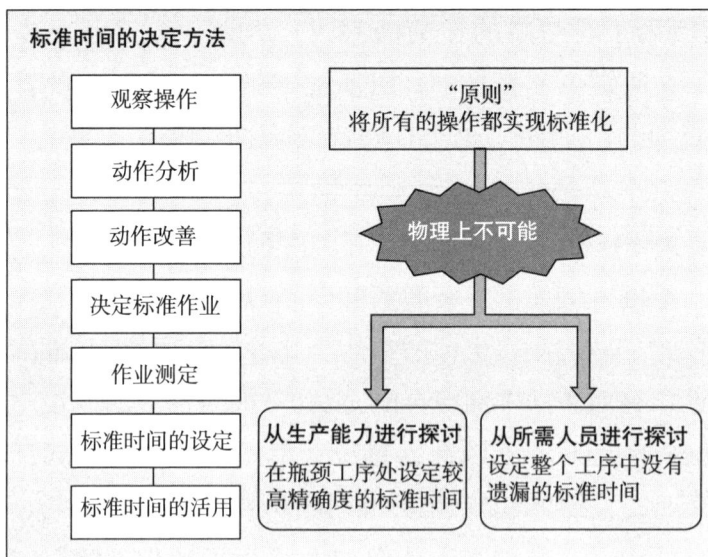

标准时间的决定方法

观察操作
↓
动作分析
↓
动作改善
↓
决定标准作业
↓
作业测定
↓
标准时间的设定
↓
标准时间的活用

"原则"
将所有的操作都实现标准化
↓
物理上不可能
↓

从生产能力进行探讨
在瓶颈工序处设定较高精确度的标准时间

从所需人员进行探讨
设定整个工序中没有遗漏的标准时间

082

◆——实际上标准时间如何设定呢

在多品种少量化生产中若想对所有的项目都设定标准时间的话，那将是一项浩大的工程，得花费大量的时间。因此，只要在有必要设定标准时间的地方按照必要的精度设定就可以了。没有必要对所有工序都按同一精度来设定。只有在生产能力不足的情况下，才有必要设定较高精准度的标准时间，为了从工厂全体人员中计算出工序所需的人员，比起各个的精确度，最重要的是不要有所疏漏。

12 标准时间的活用

◆——比起标准时间的设定更重要的是将标准时间灵活运用

虽然标准时间已被暂时设定好，但重要的是要将其运用到生产现场中去。标准时间如同一把标尺，一开始就拥有绝对准确的标尺是不可能的。因此，我们可以先用决定好的标准时间，来判断操作时间是否合适，并检查工作人员的工作等。

这样，通过事后的完善，自然而然地使得标准时间的精度不断提高。如果最初就想尽办法设定高精度的标准时间的话，这样不仅花了时间还有可能在特殊情况下派不上用场。

083

比起花很多时间在设定标准时间上，莫不如适当地设定一下标准时间的精度，然后在以后的实际运用中慢慢完善。 这样的做法更为现实可行。

◎可以灵活运用标准时间的对象

目的不是标准时间的设定，而是标准时间的灵活运用。

标准时间的活用

现场管理方面的活用

　　能否按标准进行工作，能否提高标准
　　是现场管理最大的课题。
　　　　·效率管理
　　　　·操作编程
　　　　·人员配备
　　　　·技能掌握
　　　　·变更设计、改善的定量化

计划业务方面的运用

　　根据水平提升后的标准时间制定的进攻型生产
　　计划可以为企业带来利润。
　　　　·人员配置
　　　　·检查设备情况
　　　　·生产计划安排
　　　　·生产成本的管理

◆——计算出效率来提高生产能力

　　标准时间是指标准作业方法下，作业时所花费的时间。 通过标准时间可以测定出效率（也称作 Performance）。 通过维持效率在高水平的活动和改善活动，追求最有效作业方法（标准作业方法），生产现场的生产率便会提高。

在激烈的成本战中要想存活下来，就必须提高生产能力。 这就意味着，作业者要实现高生产率作业的职场。 为了做到这点，有必要开展按照标准时间来进行操作的操作训练培训。 如果不能决定标准时间的话，那么操作训练也就没有了基础，作业就无从谈起了。

13 效率管理

◆——所谓效率管理是什么

所谓效率管理是指按照标准时间来定量地评价现在的操作效率，并将评价结果和问题点的把握、问题点的改善相联系。

如果能按照标准时间作业的话，生产率就是百分之百。 所以，如果与百分之百这个数值有巨大的差距就被称为问题操作。 效率低下也就意味着比标准时间所花费的时间更多。 如果出现问题操作的话，就得通过测定操作和动作分析，来搞清楚没能按照标准时间完成操作的原因，并加以改善。

此外，如果标准时间设定得比较宽松，会出现效率较高的情况。 这就意味着标准操作自身存在问题，有较大的改善余地。 真的出现这种情况的话，就得改善操作方法，将改善后的方法作为标准作业方法，改正标准时间。

效率：与理论标准值比较的工作程度

效率（%）=计件时间/实际总工作时间×100
　　计件时间=∑（标准时间×生产量）
　　实际总工作时间：计件付酬时间的合计工作时间

提高效率的方法

为了提高效率有以下两种方法。

| （1）操作方法的改善 | 通过测定作业，可以明确与标准时间之间的差异，再根据动作分析，从而达到该改善的目的。 |

| （2）间接时间的削减 | 实际作业中没有花费的时间被称为间接时间。试图缩减晨礼、晚礼、整备、设备停止、等待材料、考虑技术对策等与生产不相关的时间。 |

◆——效率管理的目的

通过效率管理的实施，可以收获"将问题点的大小进行定量化""随时掌握每天的变化动态以及倾向等时间上的一系列变化。""和其他相关部门的合作将变得更加容易"等效果。 将生产活动的实际状态进行定量化，可以迅速指出问题点所在，并加以改善，这便是效率管理的目的所在。

◆——反映到生产计划中

进行效率管理的最终目的是利润的提高。 因此，必须要将通过效率管理改善后的结果迅速反映到生产计划中去。 为了做到这点，就需要我们以生产现场为中心，将有效的能率管理以及最新的情况加入生产计划中去。

14 所需人员计划

◆——操作人员数量决定生产率

所谓生产能力（生产率）是指投入和产出之间的比例问题。 按照这个定义，生产现场的生产能力是指生产的实际成绩和投入的操作人员的数量之比。

这里所说的生产的实际成绩，是指已经确定了的生产数量。 总而言之，在生产计划生成时，产出量就确定了。 而生产能力，在研究操作人员数量时是决定好了的。 因此为了正确管理操作人员的数量，所需人员计划是必不可少的。

所需人员计划不仅有决定操作人员数量的功能，还有着决定生产能力和决定生产成本计划的作用。

所需操作人员计划的目的是"怎么样制定一个用较少的人员配置来进行生产的计划呢？"为了使生产计划

087

得以实施，我们有必要对操笔者的实际能力进行正确的评估以及努力提高其实力。

人员的计算方法

所需人员=∑（标准时间×生产计划）/平均到每个人的工作时间
平均到每个人的工作时间=出勤规定时间×出勤天数×效率

适当人员的配置方法——我们以实际的操作编成所需人员数为13.3人的计算作为示例来考虑一下。

13.3人所需的人员，假设是在出勤率是92%，效率是85%的条件下算出的。

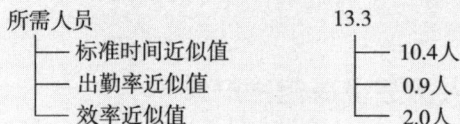

所需人员	13.3
├─ 标准时间近似值	├─ 10.4人
├─ 出勤率近似值	├─ 0.9人
└─ 效率近似值	└─ 2.0人

（1）在制定操作安排时应该以几人为宜呢？
· 以操作测定对象的14.0个人为基础来考虑
（2）出勤率的考虑方法
· 百分之百出勤率的时候大概一名人员剩余
· 运用带薪休假的计划
· 如果出现突然请假导致人手不够的情况下，则需要
  其他部门的配合和支援
（3）所需人员的考虑方法
· 首先以13名开始，再以12名进行生产为目标来考虑

◆──适当的人员配置

即使所需的人员决定下来，也不能照这个数目来做操作按排。 因为在这些人员中，可能会出现带薪休假的缺勤的人，也有可能会出现由于某种无法预料原因导致

088

效率低下的人，这个数目是含有水分的。 实际上，在制定操作按排的时候，为了使实际能力得以充分发挥，应该尽可能地用较少的人员来开展生产。

其次，如果出现 13.3 人这样的零头的时候，是不是就直接按 14 人来算呢？ 其实不然，我们应该尽量避免这样的算法，我们的原则是尽量用较"少"的人员投入来进行生产。

15 计划生产的局限

◆——计划生产的理想形态

按照交货日期一次性生产一定批量的生产方式被称为计划生产，这是一个月中只生产一回，生产的量为一个月的分量的生产方式。 如果计划能顺利进行的话，则能实现非常高效率的生产。

◆——计划生产的实况

被称为理想状态的计划生产，现实中它的情况是什么样的呢？

让我们举个例子来说明。 某个产品比预计中要卖得好，结果没想到却在这个时候发生了断货。 但是，这个产品的生产却被安排在了下周。 把生产计划表拿来一看，结果发现本周要进行另一种商品的大量生产。 如果此时能将预定在下周的生产和预定在本周的生产进行一下调换的话，则可以避免失去这千载难逢的商机。

◎计划生产的理想状态和现实

理想状态是……

生产 | A：1000个 | B：2000个

原材料采购 A B

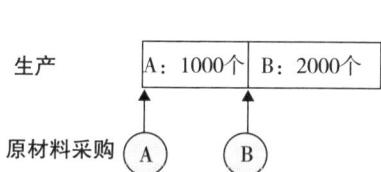

生产现场	生产管理
库存为零 较高的生产 能力	仅有计划

但是，现实却是……

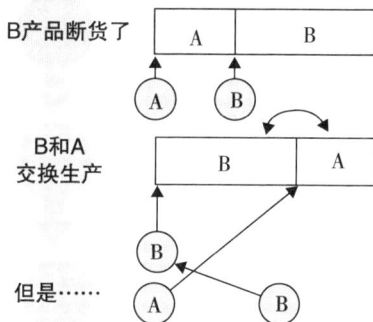

B产品断货了 | A | B

A B

B和A
交换生产 | B | A

但是……

B

A B

生产现场	生产管理
库存增加 生产能力的低下 成品率低下	原材料提前 变更生产的指示 生产能力的研究

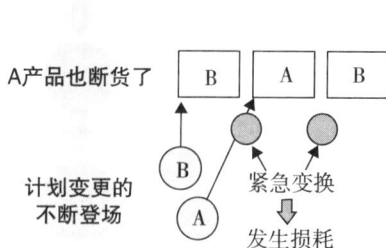

A产品也断货了 | B | A | B

B

计划变更的
不断登场 A

紧急变换

发生损耗

生产现场	生产管理
更进一步 变换生产时的损耗 生产能力的低下 成本价提高	安排物流 周末加班 向外订货 计划变更

090

接下来，我们就开始着手生产计划的变更。 为了使预定在下周的生产转移至本周，所以得在原材料的采购上下工夫。 另外，要赶快制定生产设备的整备计划。经过以上的调整，就可以在本周生产原来预定下周生产的产品。 但是，到了周末的时候，原定本周生产的那种商品就又会出现断货的危险。 本来嘛，将原来的生产计划推迟了一周，出现这样的情况就是某种程度上可以预料到的。 但是，为了将设备进行整备，这样一来又得花时间了。 所以，又要变更计划。

如果能按照生产计划实施的话，本来是可以不留库存的，也不会出现断货的现象，生产将会高效进行，但由于库存品增多，断货现象的不断重复出现，仔细算来，根本赚不到钱。 这不是什么特殊的例子，而是经常有的事。

16 生产的平均化

◆——所谓平均化的生产指的是什么

生产的平均化，用一句话简单地概括来说，是不断地提高生产频率的生产方式。 作为其结果而言是指，无论在任何时间段都实现等量生产。 最具有代表性的方法是，每天生产相同产量的"每日平均生产"。

091

◆——生产的平均化为什么会有较强的抗波动性

我们以每日平均生产为例来考虑。 某个产品比预想中销路要好得多，从而导致产品马上就要脱销了。 销售量比预想的多一成。

如果每天生产 100 个的话，那么只要将生产量增加一成，也就是生产 110 个就行了。 那么，负责原材料采购的人员就得和原材料供应厂商进行交涉，问对方能否提供生产 110 个产品的原材料。 由于是每天都要进货的原材料，所以原材料供应厂商也肯定保持着与之同步的生产，而且多多少少会有一些库存的。 因此，购进生产 110 个产品所需的原材料也不是一件难事。

另一方面，在生产现场可能会出现通过加班加点来增加产量，或是通过减少其他产品的产量等应对措施，这些都不是大幅度的生产变更，应该是可以轻易做到的。

◆——平均化生产的推进办法

平均化生产就是增加生产的机会。 实施平均化生产的话，实际上也就是逐渐提高生产频率。 如果以前是一个月生产一次，就将其提高到一个月生产两次。 逐渐地将生产由一周生产一次提高到一周生产两次，最后提高日生产频度，这样就会慢慢地提高生产的频率。

◎平均化生产及其推进办法

批量生产

商品名 \ 天数	1	2	3	4	5
A	500	500	0	0	0
B	0	0	0	500	500
C	0	0	480	0	0

平均化生产

商品名 \ 天数	1	2	3	4	5
A	50	50	50	50	50
B	100	100	100	100	100
C	30	30	30	30	30

平均化生产的推进方法

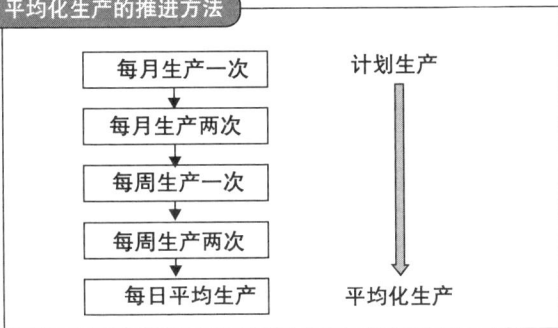

每月生产一次 → 每月生产两次 → 每周生产一次 → 每周生产两次 → 每日平均生产

计划生产 ⇓ 平均化生产

093

17 生产计划今后的发展方向

◆——有效的生产计划应该是从获取第一手的信息开始的

我们经常能听到生产计划的负责人抱怨销售部门送来的信息不准确。 但是，如果只是一味地抱怨的话，事情是不会有任何改变的。

那么，我们该怎么做才能改变这种情况呢？ 关键是"要去收集第一手的信息"。 打个比方说，零售店的信息就是最为新鲜的第一手信息。 话虽如此，要想拿到分布在全日本的零售店的一线信息却不是一件轻而易举的事情。

我们应该关注的是批发商的信息。 对于某个企业来说，将所有的批发商的信息收集起来是不可能的，那么我们首先应该做的是锁定一些主要的批发商。 经查实发现，最大的一家批发商占了15%的市场份额。 接下来进行的是，和被锁定的主要的批发商之间的协调工作。 从最初了解需要花多少时间开始，到后来有偿地获得这些信息。 我们获取的十分可贵的第一手信息，对于生产计划来说无疑是有着巨大意义的。

◆——15%的第一手信息更为准确

接下来，工厂就要靠着这15%的第一手信息，来进行销售预测了。 结果是非常成功地抓住了市场的动向，获得了巨大的成功。 这是因为，我们由这 15％ 的第一手信息的惊人准确度，预测了整个市场的销售情况。

◆——工厂和批发商之间的供应链管理

和批发商的关系紧接着进入了下一个阶段，也就是物流阶段。

以前，工厂是通过工厂的仓库向批发商的仓库供货的。 现在，我们则由工厂直接向批发商的仓库供货。而且，我们不用工厂自己运输，而是由批发商的合作物流公司来运输。 如果是全国范围的大型批发商的话，则它的物流也遍布全国，利用这样的物流系统的话，就能大幅度节省流通所需的成本。 此外，向其他批发商供货的时候，也用物流公司进行运输的话，同样能又快又便宜地将货物送达目的地。

◆——影响供应链管理的关键

其实，以上的变更对于批发商来说，也有巨大的好处。 上述例子中说到的这个公司，开展了十年的改善活动，使生产现场简化到由一个人即能进行操作。 通过拥有多组组装流水线，就可以大力提高生产的平均化水平，使得每天生产的产量可以达到生产产量的 90％ 。

这又意味着什么呢？ 这对于流通方来说，可以保证

095

每天稳定的物流量。 如果是计划生产的话，则情况又完全是另一番景象了。 由于按计划生产是在某个特定的日期完成的，所以当它完成后在向全国配送的过程中，肯定会发生损耗。 而且，物流量每日的变动幅度都比较大。 因此，物流运输计划的制定也会变得更加繁杂，影响运输效率。

与此相对，实现了生产的流程化以及平均化的工厂，不仅能对市场做出迅速反应，而且，也很受物流公司的欢迎。

◆——今后取胜的关键

我想大家心中肯定会问，为什么批发商会接受自己的运输系统为其他批发商运输货品呢？ 这是因为，我们期待的不是小小的胜利，而是巨大的胜利。 我们期待的是和伙伴通过通力合作取得巨大的胜利。 而其关键在于两者要构建双赢的关系。

18 向生产计划进步的三个阶段

作为一名生产计划的负责人，我想他肯定希望获得正确的销售信息，以此来制定较高精确度的生产计划吧。 但是，再怎么准确，毕竟是预测的结果，肯定会与现实产生一定的出入。 而且，市场也是千变万化的，因此，不得不作出与此相对应的解决措施。 由此看来，决定好的生产计划是不现实的，不应该作为大家理想的奋斗目标。

◆——为了应对市场变化，制定活用库存的生产计划才是有效的

为了应对市场变化，有一种有效的手段就是库存。因为可以通过库存来消化市场的变化。 当然，决定应对变动的合理库存量也是十分重要的。

通过库存消化变动的影响，使得生产计划的平均化变得可能。 这是平均化生产和市场变动通过库存得到了平衡的缘故。 这种想法对于应对现如今这样一个变化的时代来说非常的有效。

◆——将来，仅通过零售点的即时信息就可以制定生产计划

在讨论完通过活用库存制定的生产计划之后，接下来我们来谈谈通过零售点的即时信息制定生产计划的问题。 应该认为这种方法是活用库存生产计划的发展版。其基础是灵活运用库存，但是在这个变化激烈的时代，为了消化市场的变动，所需的库存有逐步加大的可能性。 为了解决这一问题，我们要做的是取得第一手的新鲜信息。 通信技术以及移动电话的发展使得我们可以迅

速地获得营业的第一手信息。 然后，再通过将这样的信息直接反映到生产现场，从而实现迅速灵活的应对。

通过导入零售点的即时信息，我们就可以实现以较少的库存开展高效的平均化生产。

◎生产计划的发展

为了应对市场的变动，
关键在于制定能够灵活运用库存的
生产计划！

第一阶段：计划依存型生产

根据工作人员制成的生产计划进行的生产。是一种被动型生产方式。

第二阶段：库存信息型生产

根据产品仓库的库存信息进行的生产。是一种根据销售形势来自主进行判断调节的生产方式，主攻型的生产计划。

第三阶段：顾客信息型生产

从顾客处获得订单后才开展的生产。但是需要注意的是，并不是指从接受订单后就开始定额生产，而是指将库存的半成品灵活运用，来应对订单的生产方式。

19 订货分析

◆——与其做不准确的预测，不如对过去进行分析

为了制定生产计划，需要收集一些预测性信息来作为基本信息。现实中要获得预测性的信息有很多途径，但是实际上使用的却很少。在本节中，我想给大家介绍一种通过过去信息来进行订货分析的方法。请大家在实际工作中务必要付诸实践。所谓的订货分析是一种以平均化生产为目标，进行信息整理的一种方法。

◆——订货分析所期待的目标

要进行订货分析首先得将销售分为特别销售和一般销售。特别销售是营业部门正确且迅速地向工厂传达的信息，而一般销售则是实现平均化生产的一个重要的信息。在生产计划中占据支柱性地位的平均化生产，正是通过订货分析开始着手的。

◆——订货分析是由谁来实施的

我想肯定很多人会以为这应该是由营业部门来实施的，其实不然。营业部门并没有想调整销售计划，他们的目标是完成定额以及扩大销路。对他们来说，根本燃不起对过去信息分析的热情。

总而言之，只有真正遇到麻烦的人才会想着去分析订

货，也就是说是那些负责生产管理的人在进行订货分析。

通过对订货的分析，可以使负责生产管理的人也能够自主地制定销售计划了。 以前只能委托别人办的事情，现在自己也能办了，解决了目前为止认为不可能的问题。

◎订货分析的步骤

步骤1　排除异常销售
· 年末销售集中，而年初销售则大幅度减少。
· 销售主要集中在每个月的后半段。
· 这些都是自发的现象。如果不能改正，就要提前把握好，并分别进行处理。

步骤2　特别销售与一般销售相分离
· 按照特别的目的进行集中销售的销售，肯定事先就有相关信息。
· 所谓的特别销售，是指通过促销等手段来进行的销售。
· 不特定的消费者所购入的数量之间没有太大的差异。

步骤3　获得特别销售信息系统的确立
· 排除营业人员的不统一等情况。
· 确立认知与实际业绩相连的准确率和认知销售信息的体系。
· 确立信息渠道。
· 对营业部门的要求是，将特别销售的信息准确且迅速的传达。

步骤4　一般销售的分析
· 明确季节的变动。如果分析一下过去三年的数据，可以绘制出一条有确定规律的变动曲线。
· 进行趋势分析。包括整体销售量的变化、市场占有率的变化以及新产品的动向等。

100

20 制造业 POS（销售时信息管理系统）

在制定生产计划的时候，经常能看到工作人员拿着几天前好不容易搞到的信息进行加工的情形。 其实，在现在这个时代，信息是越新鲜才越具有高的价值。

在如何获取新鲜度较高的信息的方法中，有一种行之有效的方法就是制造业 POS。 它指的是能瞬时掌握销售信息的制造业版本的 POS。

◆──制造业中具有可行性的 POS 指的是什么

虽说是制造业的 POS，但是根据行业以及产品的特性，其内涵也不同。

如果是生产昂贵且需要专门设计的产品的话，那么，它的客户也是特定的。 这种情况下，首先要明确生产所需的信息，然后再通过营业部门及时地获取所需的信息，或者是自己和营业部门的同行一起直接去收集第一手信息。

另一方面，在半成品的情况下，更要用到 POS 的方法了。 首先从必要信息的精确性以及实现的可能性出发，讨论应该将 POS 定位在一个什么样的水平上。 如果将 POS 定位在工厂出货阶段的话，那么在流通期间，时间间隔就太大，并且小零售商的信息也很难收集到，信

101

息量过于庞大，甚至会发生无法处理的情况。

　　笔者的意见是，批发商的信息新鲜度较高，而产品在仓库发货时的信息，新鲜度较低。

◎制造业POS及其顺序

制造业POS是指

POS: Point of sales system
　　　销售时信息管理系统

将物流业的技术运用到制造业中，以求快速应对市场变化的想法。

实施的顺序

为了获取新鲜度较高的制造业的第一手信息而努力。

信息的新鲜度

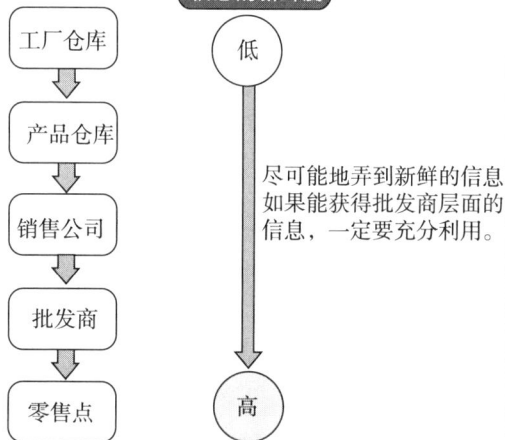

工厂仓库
↓
产品仓库
↓
销售公司
↓
批发商
↓
零售点

低
↓
高

尽可能地弄到新鲜的信息
如果能获得批发商层面的信息，一定要充分利用。

21 PQ 分析法

◆——PQ 分析法指的是什么

PQ 分析法是指用图表的方式将生产品种和产品数量的关系表示出来,以此来分析生产品种的数量特性的方法。 在决定生产方式之际,应该最先实施的方法就是这个 PQ 分析法。

近来,由于畅销产品变化等原因,数量上的特性也会马上变化。 于是就有必要定期开展 PQ 分析,决定生产的基本方向性。

◆——实施的顺序

以生产品种为横轴,以生产数量为纵轴,从生产数量最多的生产品种开始依次记入表格。 作为生产品种,款式不同的产品,都会单独表示出来加以分析。 而这里所说的生产数量,通常是指过去三个月的实际产量。

◆——开展生产方式的改善

"生产的流程化"和"生产的平均化"是决定能否实现高效生产的关键。 但是,两者同时实现却不是一件易事。 通过 PQ 分析,从生产数量较多的产品开始,构建有重点且迅速的实施框架。

流程化要从典型产品开始依次展开才有效。 从缩短

103

典型产品的开发周期开始，可以确定生产计划业务的革新方向。 另一方面，通过平均化，我们还可以朝着生产管理业务的简单化和常规化方向努力。 PQ 分析的重点在于预先设定一个较高效率的生产方式并予以实施。

◎为了实现生产平均化而开展的PQ分析

生产的平均化和PQ分析

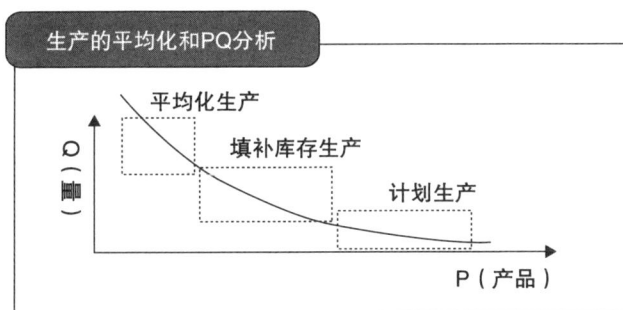

Q（量）

平均化生产
填补库存生产
计划生产

P（产品）

平均化生产

根据PQ分析的结果来层化产品群。数量较多的群则是平均化生产对象的产品。

填补库存型生产

处于中间的产品群，是像订单生产那样不能拖延交货期的存货期生产型的产品。平均化虽然比较难，但通过库存也能进行应对。

计划生产

数量较少的产品群，是接受订货才开始生产的计划产品。这个基本上是赚不到钱的。要么是和营业部门联手来"停产"，要么通过和设计部门联手向"基本单位层面上的平均化生产"和"产品单位上的订货生产"的组合的生产形态上引导。

104

22 平均化生产计划

◆——平均化生产不是被迫做的，而是自己去争取
的

每天都生产同样的东西，这或许就是生产部门的理
想。 他们肯定在想，作业编成要是稳定的话，工人的熟
练性也会提高，生产能力也就自然而然会有所提高了。
而生产计划一旦制作完成，原材料的采购则几乎不会花
什么力气。

但是，我想告诉大家的是，上面说的这种理想状态
在今天的制造业已经不存在了。 而奇怪的是，我们的生
产部门和营业部门却经常期待这种理想状态。 因为他们
认为只有稳定的销售才能使平均化生产得以确立。

平均化生产没有谁会为我们准备好。 也就是说不是
谁要你做的，而是生产部门自己应该去争取接受挑战的
一个课题。 因为实现了平均化生产的话，最为受益的就
非生产部门莫属了，所以得生产部门自己去争取。

◆——实现平均化生产的过程

大略说的话，是平均化消费到平均化生产再到平均
化销售这样的一个顺序。 首先应该做的是，要证明是否
是平均化消费。 也就是检验除去特别销售和异常销售之
外，每天的销售额是不是实现了平均化。 即以不确定的
消费者为对象，对广义市场上销售的商品实现平均化。

105

接下来，我们要做的是在这个数据的基础上，来制定平均化生产计划，并付诸实践。通过库存的方式，我们以此消化每天的生产剩余。在这种情况下，对于已经决定的生产计划务必要有不管发生什么都要遵守的姿态。然后，我们来关注一下库存的变化。如果能明确已经通过产品库存消化了生产的剩余这一理念的话，就可以认为是成功了。

这样的话，平均化产品的对象也会依次不断增加。

最后，平均化销售的方面。销售部门意识到平均化销售是在制造部门构建了平均化生产之后的事情了。销售部门对销售量每天的偏差毫无兴趣。在面向一般消费者的销售被证明是平均化生产之后，再开展各类的销售活动以及添加各种预测就已经足够了。

◆——将平均化生产和生产管理业务的改善相联系

如果仅将平均化生产限定在典型产品的范围内，平均化生产是不可能取得真正的效果的。

然而，平均化生产的一个重要目的在于，使生产管理业务得以改善。平均化生产如能达到 60% 的程度的话，那么，以前的生产管理业务几乎就可以不用了。因为，交货期的调整和原材料采购进度等应对突发情况的工作都几乎下降为零。此外，计划的工作也变得单纯化，根据情况还可以将计划的工作转交给制造部门管理。

非常喜欢打地鼠！

在经常睡得很晚的人之中，从事生产管理工作的人也是其中一部分。那么，每天这么晚睡，他们到底在干些什么呢？一看就明白了，他们干得都是一些很重要很紧急的工作。如果这些工作不及时处理的话，就会赶不上明天的出货，那么明天的生产也就无法进行。这样来看的确是很重要的。但是，总觉得哪里有些奇怪。

如果日复一日都是这样的话，那么工作就会得心顺手起来。每天都干着同样的工作，那么也不会觉得怎么劳累了。但是，还是有什么地方感觉不对。

我们将众多的工作比喻成"打地鼠"。正如打地鼠这个游戏一样，你完全不知道地鼠会从哪里跑出来，你要做的就是漂亮地找出这些出没不定的地鼠们。这很容易带给大家一种快感，比较容易入迷。而且，听说现在沉迷于这个游戏的人也不少。这究竟是为什么呢？

或许是因为太顺利的工作会让人觉得无趣没有充实感吧。这些人一边说着打地鼠有问题，一边却不愿意想办法去消灭地鼠。他们习惯了被动型工作，早就忘了自己应该去设计工作并主动去找工作。你不想成为这样的生产管理人员吧。

107

23 填补库存型生产计划

◆——填补库存型生产是什么

这种生产方式也是遵循消费平均化的原理的。 由于不像平均化生产须由生产方积极设定如此多的生产数量，所以基本上是以库存为基准来进行生产指示的。

◆——基本的想法

填补库存型生产计划是一种不定期定量的生产方式。 这种生产方式是以库存量为基准，当少于预定的库存量的时候，就进行填补库存的生产。 在进行生产的指示的时候，用平均每天的销售量来预计生产开始的时间。

◆——基本条件

其前提条件是要实施周生产计划。 按照每周一次的频率来调整生产计划。 此外，还得以取得销售点的实时信息作为条件之一。 为了及时获取产品库存的变化信息，获取销售方面的信息就十分有必要。 我们这里所说的库存，不仅指自己公司仓库的库存，也包括掌握批发商的库存。

还有就是，应该将一般销售和特别销售区分开来。

特别是经过归纳总结的畅销信息，是不能成为填补库存型生产计划的对象的。 如果不能清楚地将这两种销售区分开来的话，又为了消化由特别销售导致的偏差，就必须得增加基本库存。

◆——三个关键点

①平均每天的销售量；②生产指示的关键点；③每批产品的生产数量。 特别是每批产品的生产数量，如能实现小批量生产的话，则能无限接近平均化生产。

◆——基本的实施步骤（图 A）

①以一般销售为对象

特别销售是指作为特别订单按照订单接收方，即生产方的考虑方式进行的计划生产。

②计算出平均每天的销售数量（一般是将过去三个月的变化取平均值）

③决定基准库存量

决定和生产指示相关联的基准库存量。 比较产量是在平均每天的销售量基础上由天数来决定，而绝对产量则由绝对产品数量来决定。

④计算生产指示点

以现有的库存量为基础，用平均每天的销售数量计算出基准库存用完的时间点，并将之反映到生产计划中去。

图A

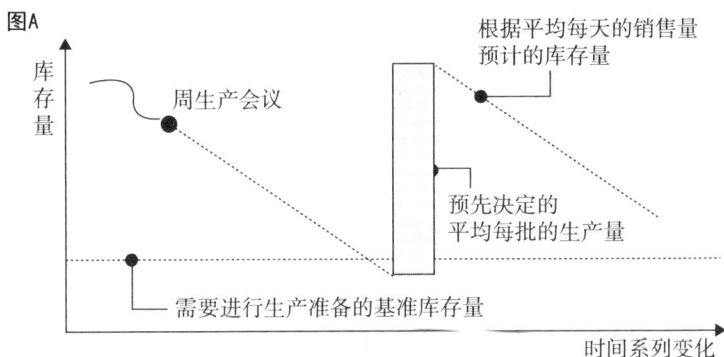

◆——当销售突然急剧增加的情况下的应对（图B）

①预测断货导致的危险

在每周的生产会议上决定好下次的生产时期之后，假设出现了销售突然增加的情况就会发生断货现象。所以，我们要防患于未然，通过观察来对这种情况进行预测并加以应对。

②制定危险清单（表A）

按照出现断货情况的危险度从高到低的顺序来制表。针对平均销售量，以库存量的比例来制成表格。将库存量和库存率以及当天的销售量和平均每天的销售量通过表格的方式表示出来。

表A

产品名	当天的销售量	平均每天的销售量	库存量	库存率
AD－301	158	105	323	3.1
FG－421	68	66	266	4.0
OP－002	98	55	314	5.7

③解决方法

从出现断货可能性较高的产品开始将生产计划提前。

图B

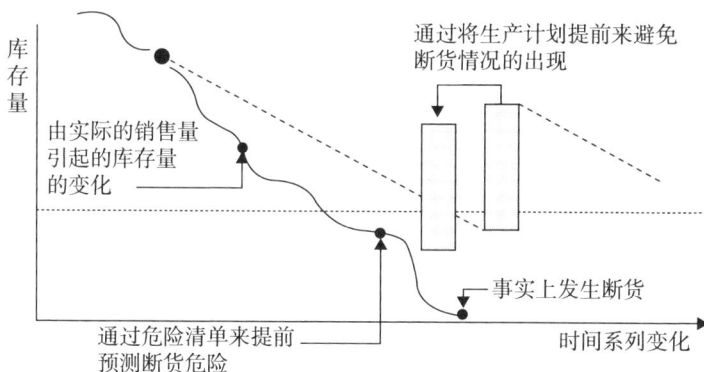

专栏

用数据来说话吧！

在制造界中有很多人是以技术起家的，而他们主要的议题也都是围绕品质问题、缺货问题以及技术问题。不管哪个问题都要求定量化讨论。

111

但是，近来的制造业是不是起了一些新的变化呢？

　　让人感到惊讶的是，由华辞丽藻堆砌成的文章到处泛滥。根本没有任何阅读价值的报告书到处横飞。……给我的就是这样一种感觉。……大家是不是都这样认为呢？静下心来细读一番，文章既没有主题，也得不出任何结论。能够作为客观判断的数据一个都没有。这可如何是好？

　　不管发生什么反正不用承担责任，也不会被追究责任，这是所谓的"得过且过主义"。反正不下任何判断，这样也就不用去现场了，也不用去收集什么数据了，这是典型的"偷懒主义"。

　　这就是曾经被誉为技术强国的日本的现状。这样的无责任感和"得过且过"的思想已经深深地扎根于制造业中了。以前一直藐视政界、金融界和传媒界的制造业的命运，宛如风中之烛即将熄灭了。

　　让数据说话吧！必须要从这最基本的开始！

専栏

表达是决胜关键！

　　在现如今的工作中最为重要的是什么呢？是制定正确的生产计划呢？还是顺利的原材料采购呢？

　　企业的时代开始转变为个人的时代，在现今这个追求自立的时代，工作人员特别是从事生产管理的人，很难说仅凭他们个人的能力就能将所赋予的工作完成得很出色。因为在这个过程中，计算机和通信器材起到了无法取代的作用。但是，我们必须强调自我主张来表明自我的存在感。幸运的是，生产管理部门是收集加工信息，并提出建议的地方。所以在现今这样一个信息时代，生产管理部门最应该发挥其作用，但是……

　　而且，在现实中，我好像根本没有碰见过一个擅于提建议的生产管理人员。

　　到底想说什么，到底想怎么样，是赞成还是反对，是生气还是高兴，什么都不知道。

　　近来，从事生产管理工作的人最为缺乏的技能，我认为是表达陈述的能力。把自己的想法传达给对方，得到对方的赞同或是同感再付诸行动。如果没有这样的技能，不管你有多好的想法都是白费。

24 计划型生产计划

◆——所谓计划型生产计划指的是什么

　　接受订单后按照生产指示的要求制定生产计划，并展开生产的生产方式。 以生产顺序为核心进行日程的安排。

◆──接受订单型生产的关键点

虽然这种生产方式基本上是没有什么库存的，但是，如果要求的生产周期要比原来的生产周期小，就不得不产生一定的库存了。 特别是重要原材料成为关键点，所以在这样的情况下，将客户的信息和重点原材料的信息配对是十分重要的。

而且，取胜的原动力是生产周期的缩短。 战胜竞争对手最强大的武器是推迟营业上的判断，采取聚拢原材料采购的方法。

◆──批量型生产的关键

在批量型生产中，计划型生产的改善关键点在于停产。 在现实中，有很多几乎卖不出去的商品却还堂而皇之地写在产品目录栏里面。 因此营业部门就得要求停止生产这些产品。

营业部门经常会说要是产品品种不够齐全的话，商品是很难卖出去的。 作为厂家必须要主张的是，不仅仅要求停止生产，最好是将这些产品所花费的成本进行定量化分析。 如果真的停止生产这些产品的话，最好将"生产管理人员需要多少人可以实现效率化生产？"

114

"生产现场又可以实现什么程度的效率化生产？""原材料的进货又能便宜多少？"等问题，进行定量化。

◎计划型生产计划的改善

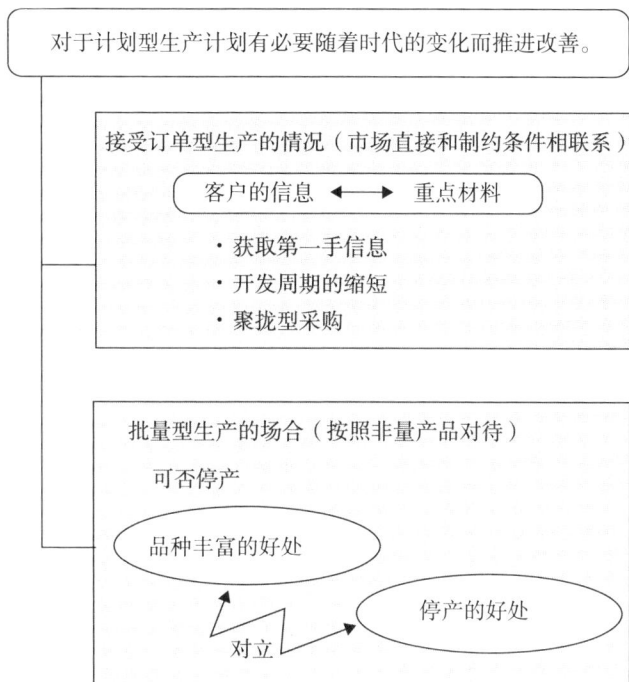

对于计划型生产计划有必要随着时代的变化而推进改善。

接受订单型生产的情况（市场直接和制约条件相联系）

客户的信息 ◄——► 重点材料

· 获取第一手信息
· 开发周期的缩短
· 聚拢型采购

批量型生产的场合（按照非量产品对待）

可否停产

品种丰富的好处

停产的好处

对立

25 生产进度管理

◆——所谓生产进度管理指的是什么

所谓生产进度管理是指按照生产计划，考察实际的生产到底是顺利进行还是滞后的生产管理。

◆——取胜关键

生产进度管理的目的不仅是记录实际情况以便进行管理，重点在于能够及时采取对策。因此，应该开展生产进度管理的部门不是生产管理部门，而是生产现场。所以，必须构建一个生产现场可以进行管理，全厂能够采取必要应对策略的体系。

如果和原定的生产计划之间的偏差值较小的话，通过生产现场的自律性活动，就可以解决，但是如果偏差值较大的话，则需要生产管理部门单独重新审定生产计划。

在这种情况下，必须制定出一套针对出现了什么程度的偏差就采取某种处理方法的一套切实可行的办法。通常情况下，是以一天或是半天的偏差为允许范围，若超过了这个范围，就必须重新审定生产计划了。

◆——通过重点管理实施可行性生产进度

生产进度管理原则上来说，是在最后工序阶段实施的，但是，根据生产计划种类的不同，其重点也不同。

在平均化生产以及填补库存型生产的情况下，仅对最后工序的情况进行管理就可以了，但如果是订单计划生产的情况，则需要重点管理最为不稳定的工序和最不遵守交货期的原材料。而且，不仅仅是实施管理，还需要事先研究出怎么做才是最为有效的管理办法，这才是上策。

116

◎可视化生产进度管理

实施可视化生产进度管理的办法

可视化管理—产量管理板　　　　　　　循环时间　　　　　　　秒/个

	计划	实际产量	差	备注
8:00~9:00				
9:00~10:00				
10:00~11:00				
11:00~12:00				
13:00~14:00				
14:00~15:00				
15:00~16:00				
16:00~17:00				

关键点

❶通过操笔者自己记入,来提高目标达成意识。

- 特别是记入偏差值更有效

❷检查每小时的产量

- 如经常出现亏损的话,则需要重新审定计划。

- 推测亏损的原因,将之反映到改善活动中。

❸根据生产情况来制定对策

- 在单位时间内尽可能迅速地应对

26 示例：无计划生产

◆——活动的背景

假设是一家组装自己公司产品的工厂，到目前为止通过提高生产能力来降低成本是其主要的改善活动。但是随着企业环境变得艰难，就必须得进行一些综合性改善活动，其切入点就是生产管理业务。

◆——基本的经过

开展生产管理业务的改善是生产现场的基础。通过生产的流程化以及可视化管理等方式，确立以平均化生产为核心的简单化生产管理方式。进一步实现间接部门的零参与，以及确立在无计划状态下工厂顺利运营的体制。

◆——无计划生产的内容

所谓无计划生产是指从生产计划的指示开始，到原材料的调配为止的生产管理业务，通过现场现货的方式进行的活动。而生产指示则以运用了产品库存的填补库存型生产方式为基本，并包含了特别销售和战略库存的想法。此外，原材料的订货全部采用"看板"的方式进行。

◎ "无计划生产"的具体内容

- 根据现货来进行的生产指示方式
- 产品的库存数量和特别销售的信息是必要信息
- 订货数量以及批量数要是能决定的话,就有实现的可能

---

❶ 导入生产批量

从包装外形以及每天生产的有效性开始考虑

❷ 生产组的确立

一般　以基准库品中不足的部分作为生产的单位进行生产

特别订货　由于交货日期和生产数量已经决定下来,所以按照一定的规

定生产即可(一天最大生产量等)

政策库存　消化特别订货等由变动产生的产品

不能满足政策库存基准的按照顺序生产

❸ 将原材料的订货完全公开化

特别订货时所需的原材料需要另行管理,设定放置的场所

❹ 获取最新的库存信息

查验第二天早上物流仓库中的产品库存就能知道

❺ 从人工计算开始

❻ 通过计算机自动制定生产计划,并发布生产指示数值

❼ 通过"看板"开展生产进度管理

❽ 将指示生产的数量当作是实际生产的数量,尽可能地消除它们在数量上的

偏差

119

◆——构建信息体系

每天一次查点产品仓库里的库存数量是基本。 以此数据为基础，经过每周一次的仿真假设来决定生产计划。 实际实施的程序，是在表计算的基础上通过人工的方式构建起来的。 从营业那里仅能获得特别销售的信息。 虽然，销售情况的预测，定期由营业部门送达，但这只能作为参考而不能以此为中心来开展。

第五章
原材料采购体系的基础

1 原材料采购应有的姿态

◆——原材料采购的重要性正在增加

现今这个时代要求我们进一步降低成本。 如果我们研究一下成本构成的话，不难发现其中原材料费用所占的比例是最多的。 而且，原材料所占的成本比例越来越大。

现如今的制造业已经不再把生产制造作为其主要业务，而是以集拢物资为主。 正因为如此，原材料的采购水平可以说就直接决定了制造业的水平。 若能以较为低廉的价格采购原材料，并将这点作为武器的话，那么企业在激烈的市场竞争中将占据优势位置。

◆——为什么原材料采购不能顺利进行呢

在原材料采购中让人最为头疼的就是缺货问题。为了不出现缺货现象，所以得事先购入尽量多的原材料。此外，还会遇到必须要削减原材料库存的问题。为了做到这点，提高进货的频率，每次都少量进货就不失为一种较为有效的办法。

◎原材料采购的改善

原材料采购应有的状态

条件一：不因为缺货的原因导致生产的停滞。
条件二：削减原材料、零部件的库存量。
条件三：尽可能的以较低的单价采购。
条件四：尽全力减少管理方面的间接工作量。
条件五：正确把握实际的库存量。

为了克服互相矛盾的条件，就应该做好原材料的采购工作。

改善的关键点：

• 单独地改善，是无法实现应有的理想状态的。
• 生产方式的改善是必须的。
　　　　　　→生产的流程化
• 与生产计划之间的联动是关键所在。
　　　　　　→生产的平均化

122

但是，如果提高进货频率的话，对原材料供应厂商来说就会增加其成本，他们就会要求提高原材料的价格。 为了达到既不出现缺货现象，库存又少，而且进货单价又低的目标，就必须将管理细分化来加以应对。 但将管理细分化的同时，又会出现间接工作量增加的问题。 那我们到底应该怎么做才好呢？

此外，在年度末盘点的时候，经常会有账目上的库存和实际库存不对账的情况发生。 那时就得花很多时间去分析不对账原因。

若不及时去解决上述问题，任由其堆积，将最终发展到一个无法解决的地步。 这就是现如今很多原材料供应部门所头疼的问题。

2 MRP（物料需求计划）的基础

◆——MRP 指的是什么

MRP（ Material Requirement Planning）是指 20 世纪 90 年代以后迅速发展起来的原材料所需量的计划体系。 虽说现在基本上都以计算机来进行原材料采购，但也有一大部分企业是通过 MRP 来实施原材料的采购的。

◆——MRP 发展的原因

在 MRP 以前，原材料采购的业务都是靠经验丰富的

123

工作人员的经验以及凭感觉来进行的。 一般是相关人员综合考虑生产计划和生产情况，然后通过和各个零部件生产厂商之间的协调来进行原材料的订货的。 其中所用到的一些基本的数据都是每个人通过多年的工作经验所积累起来的。 这就是 MRP 以前的主流做法。

◎MRP的逻辑以及导入条件

基本的逻辑

```
      ┌──────────────┐
      │   生产计划    │
      └──────────────┘
              │
              ◄── 原材料构成表
              │
      ┌──────────────┐
      │  总需求量的计算 │
      └──────────────┘
              │
              ◄── 对照库存
              │
      ┌──────────────┐
      │  净需求量的计算 │
      └──────────────┘
              │
              ◄── 批量生产
              ◄── 开发周期计算
              │
      ┌──────────────┐
      │  原材料的订货  │
      └──────────────┘
```

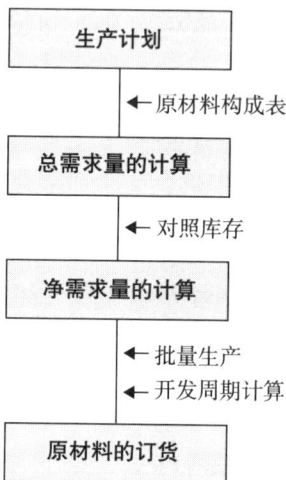

导入时所需条件

由于MRP是理论上构建出来的，所以为了确保顺利运营，就必须满足以下条件：

❶ 必须严格制定生产计划。
❷ 原材料构成表必须时常更新到最新状态。
❸ 库存情况、半成品情况、剩余订单情况等都必须要准确掌握。
❹ 批量以及采购周期都需正确设定，并需要根据情况的变化时刻更新。

　　MRP 的做法是，当生产计划一旦确定，就使用事先准备好的原材料构成表计算每种原材料所需的数量。 接着，再减去库存残余量以及订货残余量，计算出净需求量。 这也是以预先设定好的批量大小和进货周期为条件，直接和原材料的订货相联系。

　　以上的过程正是计算机所擅长的，所以完全可以通过计算机来完成，几乎不用任何人员的参与，也可以并井有条地完成原材料的订购工作。 在 MRP 以前的订货，虽然是由经验丰富的工作人员来完成的，但是，由于人员的不可替代性等原因，也会出现一些简单失误的情况。 而利用 MRP 的话，由于是按照计算机提前编好的程序进行计算，所以有着既不会出现任何失误，而且所有的过程都可以通过账票来进行检查追踪的众多优点。

3 MRP 的局限

　　◆——从大量生产时代到多品种少量化生产时代的变迁

　　在大批量生产同样产品也能畅销的时代，MRP 的效果是十分显著的。 但是，随着时代的变化，现在已进入到多品种少量化生产时代，而有着以下不足之处的 MRP

125

越来越难适应时代的要求。

首先，我们要提到的是生产计划本身难以确定。 还有，由于新产品的不断投产，所以就必须不断制定新的原材料的构成表。 而且，由于计划的变化也随之增加，仅维持正确的原材料构成表本身就是一件十分困难的工作。 再说说统计库存剩余量这个阶段。 要想准确掌握库存量也是十分困难的。 另外，批量生产的条件以及采购周期的调整虽说都十分重要，但由于需要管理的项目数量过于庞大，所以现在要想掌握这方面的最新信息已经是不可能的事情了。 综上所述，大批量生产时代的逻辑已经不再适应多品种少量化生产时代的要求了。

◆——深层次的问题点

按照 MRP 的方法，一个价格是一日元的零部件和一个价格为一万日元的零部件是按照同等水平进行处理的。 这是因为没有导入重点管理这个理念。 还有会计处理的连动体制也存在着较多的问题。 在遇到计划出现变更的情况下，如果要重新写账或是检查账簿的话，那所花费的时间可都不是小数。 此外，依据票据进行业务运营的生产管理负责人远离现场也在成为一个新的较大的问题点。

◎MRP的问题点

```
┌──────────────────────────┐
│       MRP是有效的         │
└──────────────────────────┘
             │
┌──────────────────────────┐
│     消费者需求的变化       │
└──────────────────────────┘
             ↓
┌────────────────────────────────────────────┐
│ MRP的局限                                    │
│ ·大量生产 → 多品种少量生产                   │
│ ·原材料构成表不能准确维持                    │
│ ·批量化生产以及采购周期的固定化导致库存量的增加│
│ ·基本单位是以天为单位 ← 时间单位的时代       │
│ ·无法实施重点管理                            │
│ ·对通过会计联动处理的MRP实行改善较为困难      │
│ ·处理周期较长                                │
└────────────────────────────────────────────┘
             ↓
┌──────────────────────────┐
│  MRP的方式已经落后于时代了 │
└──────────────────────────┘
```

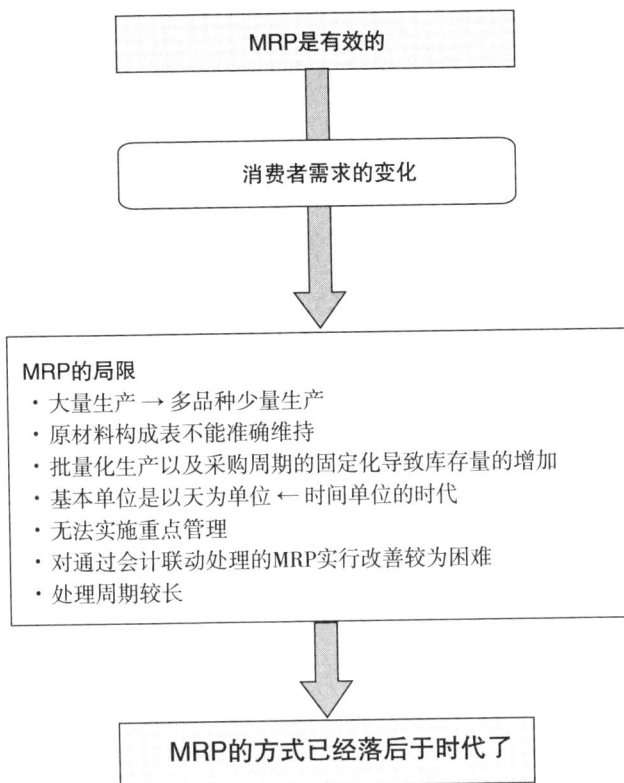

4 从 MRP 着手开始改善

◆——并非全面否定 MRP

由 MRP 产生的原材料采购问题，已经成为了多数企业所面临的共通的课题了。 但如果因此就将 MRP 加以

127

全面否定，而构建新的原材料订货方式的话是不可能的。 我们要认识到并不是 MRP 本身不好，而是它有很多地方不符合时代的要求，我们应当将其优点保留而将不适应时代要求的地方加以改善。

◆——将 MRP 运用自如

MRP 的最大的问题就是没有重点管理的理念。 虽说可以将一些计算完全交给计算机来完成，但是如果人完全不去思考的话，这未免也太过于懒惰了。 其实我们可以关注在原材料中那些通过低廉的价格就可以进到货的材料，和即使出高价也难以买到的材料。 如果我们能看到这一点，就尽可能地从容易买到的原材料来入手转换我们的思维。 所谓的现物订货的方式就是出于这种考虑。 通过采用活用库存的方式，就省去了应付生产计划变更所需的工夫。 确立了现物订货方法的产品，在实际的订货中是用不到 MRP 计算出来的结果的。

◆——今后 MRP 的使用方法

MRP 在今后也是必须的。 这是因为对于零部件生产厂家来说上述所说的几点，今后都是不可或缺的。 而这在 MRP 的展开中也是不可缺的。 但确定的进货指示是通过现物管理和重点管理的方法另行展开。 进货后的传

128

票的处理以及会计处理都是计算机所擅长的，所以要灵活运用这个优点。

◎原材料采购的实际改善策略

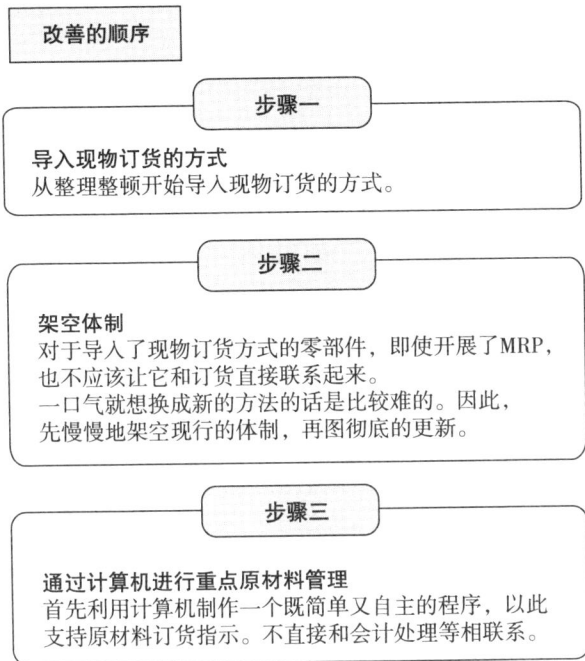

改善的顺序

步骤一

导入现物订货的方式
从整理整顿开始导入现物订货的方式。

步骤二

架空体制
对于导入了现物订货方式的零部件，即使开展了MRP，也不应该让它和订货直接联系起来。
一口气就想换成新的方法的话是比较难的。因此，先慢慢地架空现行的体制，再图彻底的更新。

步骤三

通过计算机进行重点原材料管理
首先利用计算机制作一个既简单又自主的程序，以此支持原材料订货指示。不直接和会计处理等相联系。

注：在步骤二中要注意的问题是，和现行的会计处理相联系、通过计算机处理的一系列的业务。这些虽然得花一些眼下的工夫，但都必须是手工作业。在这样的情况下，尽可能地考虑成批处理的方法。

5 原材料采购周期

◆——原材料采购是生产计划的倒影

在实施了改善原材料采购活动的情况下，最为重要

129

的是对生产计划处于怎样一个情况的认识。 根据生产计划的种类，原材料采购的方法可能会完全不同，这点请大家务必了解。

◆——计划生产中的原材料采购周期

以 MRP 为例，在多数的企业中较为主流的理念是计划生产。 在这种情况下的生产计划就是指在决定好的交货期内为了交付定量的产品而进行生产的方式。 按照生产顺序反复进行批量生产的方法，此时原材料也得配合交货期来进行批量采购。 因此，这种情况下的原材料采购周期定义为自向原材料生产厂家传递信息起，再组织进行生产和进货为止的期间。

◆——平均化生产的原材料采购周期

接下来，我们来考虑一下实行了生产平均化，每天都进行生产的情况，每天都生产同样数量的产品。在这种情况下，原材料采购周期就变成了进货频率的问题。

在平均化生产中，即使计划有所变更，由于可以通过调整每次的进货量的方式来进行应对，所以在这种情况下计划变更所带来的影响较小，且几乎不费什么调整的工夫。

130

◎原材料采购周期的两种类型

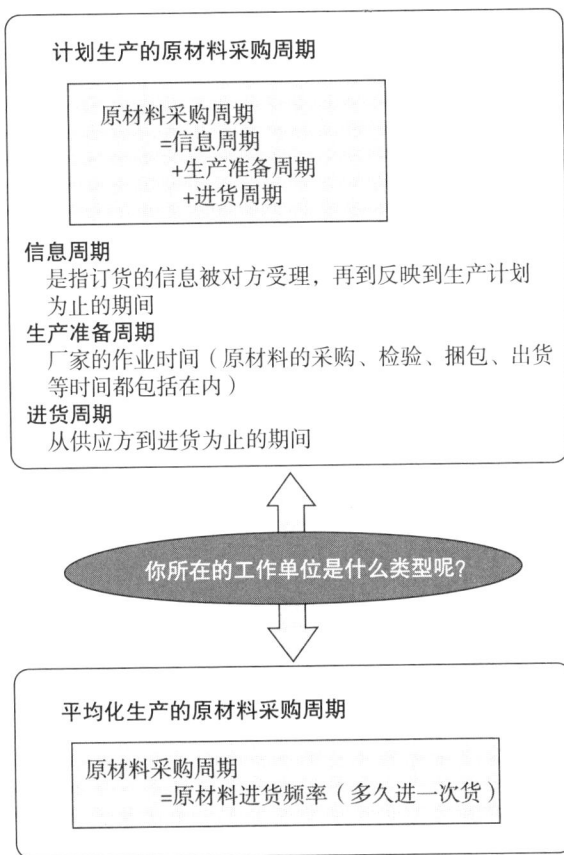

计划生产的原材料采购周期

原材料采购周期
　=信息周期
　+生产准备周期
　+进货周期

信息周期
　是指订货的信息被对方受理，再到反映到生产计划
　为止的期间
生产准备周期
　厂家的作业时间（原材料的采购、检验、捆包、出货
　等时间都包括在内）
进货周期
　从供应方到进货为止的期间

你所在的工作单位是什么类型呢？

平均化生产的原材料采购周期

原材料采购周期
　=原材料进货频率（多久进一次货）

6 通过现物管理进行的原材料采购

◆——从 5S 开始的实践性原材料采购

首先，我建议大家通过整理的方式将不要的东西丢

掉，通过整顿彻底进行可视化管理，并通过现场、现物的方式确立原材料采购的体系。 这是可以将现场的原材料的增减情况直观化，并对此进行判断进而反映到进货指令上的一种方式。

◆——两山法（Double Bin，又称双瓶法、双盒法）

两山法是在原材料采购中最为简单的一种方法。 首先将原材料分为两堆，从其中的一堆开始使用，当一堆原材料用光之后，在使用另一堆的同时，下达第一堆原材料的订购指示。 这就是现物管理的基本方法。 作为两山法的延伸，还有订货点方式和看板方式（Kanban Method）。

虽然两山法是非常简单的方法，但是由于是在现场看着现物进行直观操作，就不会像通过账票等管理方式那样经常由于数据错误导致一些失误。 此外，由于是以实际使用的数量为基础进行的原材料采购调配，所以即使出现小幅度的生产计划变更，也用不着大费周折去办特殊的变更手续等。

◆——现物管理和库存

以库存为前提的原材料采购调配和根据生产计划来进行的原材料采购调配相比，存在会使初始库存增加的问题。 但如果彻底实施现物管理的理念，通过重新审定

132

订货时间以及订货数量，库存量是可以得到削减的。 还
有，在导入现物管理的时候，生产平均化的实现是其必
要的前提条件。 在削减库存的时候，最为重要的是缩短
原材料采购调配周期。

◎现物管理方式

这才是应有的原材料管理方式！！

---

1 将整理整顿彻底化
· 原材料采购调配的基础在于彻底进行整理整顿
· 通过整理将不要的东西丢弃
· 通过整顿使之一目了然

↓

2 导入现物订货的方式
（关键）
· 尽可能做到不靠账票就可以订货
· 首先以较廉价的零部件为对象
（主要的方式）
双盒法（双瓶法、两山法）：准备两个盒子，当一个
　　　　　　　　　　盒子里面的东西用完后马上就补充订货
订货点法：决定订货量之后，在适当的订货时间订货
　　　　　不定期定量的方式
定期订货法：定期订货来补充不足
　　　　　　定期不定量的方式

双瓶法（两山法）

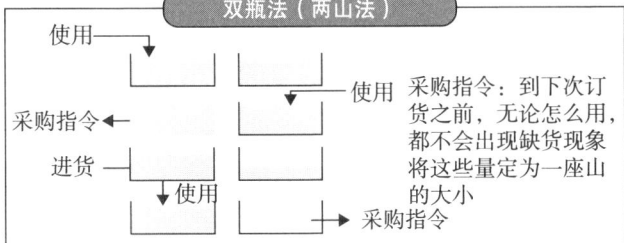

使用

采购指令 ←
进货
　　　　　使用

使用

→ 采购指令

采购指令：到下次订
货之前，无论怎么用，
都不会出现缺货现象
将这些量定为一座山
的大小

133

7 看板方式的构造

◆——何谓看板方式

因看板方式在丰田生产方式中占有核心性地位，所以被大家所熟知。

对每个原材料按照定量制成一张张的传票，再将传票放到各个材料的容器里。当操作人员将这个材料全部用完以后，再将传票拿出来，传到前工序。因此，这一张张的传票就成了对前半部分工序的生产指令。前半部分工序按照传票所指令的数量开展生产，以供应给下半部分工序。

在生产管理中这被称为"和后半工序进行交接后的补充型生产方式"（Pull System）。由于在丰田汽车公司中，将这种"传票"称之为"看板"，所以，就命名为"看板"方式。

◆——看板方式的目标

看板方式并不仅仅是原材料采购调配的方法，其真正的目的在于实现准时生产方式（Just In Time，简称JIT），基本思想可概括为在需要的时候，按需要的量生产所需的产品。这种理念同时也是以现物管理为基础来提高生产能力以及削减库存的想法。

◎ "看板"目的、特征、功能

> 看板方式是通过现物管理进行的生产管理体系！

目的：
是为了提升QCD的水平

品质的提高：
由于不良品的产生会对生产有所影响，所以我们要克服这种影响，以最完美品质为目标。用最少的付出，进行流水型作业，以达到将品质提高到最完美状态的目的。

生产能力的提高：
由于通过"看板"可以看到滞留的情况，所以位于生产现场第一线的监督人员可以随时掌握生产的情况。并在此基础上进行自主地判断，以及开展改善活动。

库存的削减：
通过"看板"可以比较方便地掌握库存的情况。此外，还可以防止过度生产导致的浪费，以实现适当化库存。

特征：
看板方式以生产管理系统的确立为目标：
❶ 以库存为中心进行管理
❷ 可视化管理
❸ 三现主义
❹ 以生产现场为中心的自主运营

看板的三项功能：
❶ 作为现品票的功能：和容器处于一体时
❷ 作为作业指令的功能：和容器分离时
❸ 有掌握库存量的功能：当立板处于空的状态时

生产能力的水平，通过观察"看板"的滞留情况就可以掌握。 正因为是现物管理，所以位于生产现场第一

135

线的监督人员就可以凭此找出问题点的所在。 在此基础上，进行自主性的判断并自觉地进行一系列的完善。 此外，生产调整等也可以通过现场和现物的方式进行，因此也可以减少花费在工序管理方面的间接工作时间。

"看板"省去了由过度生产导致的浪费，且可以较方便地掌握库存情况。 这就与库存量的削减紧密地联系了起来。

8 看板方式的运营

◆——错误的看板方式的导入

我们要意识到看板方式要在生产现场有一定程度改善的情况下，才有实现的可能性。 但是，我们经常能看到忽视这个前提条件，直接导入看板方式的例子，这是十分危险的。

如果在生产水平没有达到一个应有的状态时，却勉强导入看板方式的话，不仅会引起生产的混乱，而且会给原材料供应商和物流的零售商等都带来麻烦。

◆——导入看板方式的五个条件

看板方式，基本可以理解为是位于整理和整顿的延长线上的。 当整顿的水平提升时就可以设定一个恰当的量，来实施现物订货方式。 因此又可以说看板方式是以订货点方式为基础才得以成立的。

◎ **看板方式导入的条件**

成功导入看板方式必备的五个条件

① **整理整顿不断进行**
看板方式可谓是产生在整理和整顿的延长线上。在整顿的水平得到提高的时候，就可以设定一个适当量了。在这之后会有现物订货方式，在现物订货方式中存在订货点方式。其实，这就是看板方式的出发点。

② **已经实现了平均化生产**
在生产每天都处于波动的情况下，即使导入看板方式也不可能顺利地进行下去。由于进货量也会受到波动，而导致供货商必须持有庞大的库存量才能应对这样的变动。

③ **不断推进整备工作的改善**
看板方式的目的是实现准时生产方式，为了实现此目的，需要采取小批量生产方式，所以必须缩短设备工序中的整备时间。

④ **次品率几乎为零**
如果有次品的话，尽可能地将其数量接近零。这就是看板方式。

⑤ **设备的开工率接近百分之百**
当设备需要开动时，必须完全使之运转起来。如果开工率较低的话，就会导致生产的滞后。

如果生产每天都处于一个波动的状态，这个时候即使导入了看板方式，也是不能顺利开展下去的。 特别是

137

在连平均化生产都没有实现的企业，若根据看板来进行进货指示的话，进货量肯定会大大受到影响进而产生波动。 为了解决这一问题，对方就必须得持有完全没有必要的库存。 这种做法简直就是欺负承包商，所以请大家务必提防此种情况的发生。

当整备改善延迟，次品率较高，或是设备出现一些异常故障不能如期运转时，就会发生由于断货导致的停产现象。 在这种情况下千万不能做出欺骗性的看板来混淆视听。

9 诸多原材料采购方式

◆——方针的决定

在原材料的分层化阶段就应该决定好方针。 "对于这个产品来说，原材料的重要性如何？""对功能是否有影响？""对品质的影响如何？""是否比较容易获得呢？""进货的周期如何？""价格又怎样？"等由于这些问题的不同，其方向性也会发生变化。

◆——原材料采购的平均化

相对于平均化生产而言的原材料采购，应该和生产一样以平均化进货为目标。 因此，和对方进行协商调整时的进货频度就是基本了。

◎ **原材料采购方式的种类**

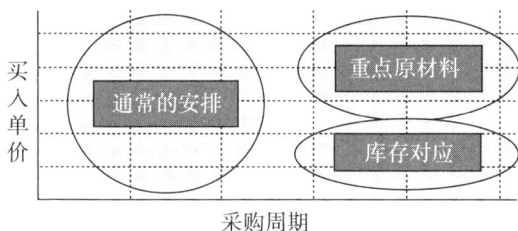

① 通常的准备方式

适用于根据计划准备即能满足需求的情况。首先,研究是否适合采用现物订货的方式,如果不行的话,则采用计划订货的方式。

② 供应商管理库存(Vender Managed Inventory)

由于对方原因,导致乙方仓库中有库存。只订购实际使用的量。在比较抢手的原材料的供应方面,最近这种做法呈增加趋势。而这些都必须以整理整顿等都做得较好为前提。

③ 厂商库存方式

要求厂商的仓库存有一定的货,在必要的时候能够及时进到货。

④ 库存填补方式

采取自己负担,用库存来应对的方式。这是在很难取得对方的配合的情况下采取的方式。

⑤ 一定期间签约的方式

决定好一定的期间,约定这一期限内的使用量。但是得按照交货期按期交货。

⑥ 早期安排的方式

通常赶不及的时候采用此种方式。在适当的时候开始。

⑦ 预测安排的方式

当预测到采购周期较长,而又必须用到某种原材料的时候使用这种方法。此时,和营业的配合十分重要。

139

如果希望高频率进货的话，那么物流方面的成本就会成为问题。因此，在这种情况下，根据混装方式等形式的成本降低就是有效的调整手段。

◆——按计划采购原材料

生产本身适用于按计划生产的原材料。

但是，由于标准品等有平均化采购的可能性，所以我们以标准品为目标来看一下。

一般来说，重要的原材料会成为采购较困难的对象。所以，在今后的管理中有必要进行分层化管理。

具体做法就是，以 X 轴为采购周期，以 Y 轴为买入单价制成图表，以对象的原材料为内容来进行分层化。

在通常安排的基础上，各种各样的采购调配方法正不断地确立。因此，在取得原材料生产厂商配合的情况下，根据原材料的特征来选择才是上策。我建议供求双方在协商下采取一种对双方都有效的方法。

10 减少原材料费的途径

◆——企业经营的重点课题

现如今要想提高销售额的话已经不是一件易事了。既然开源比较困难的话，那么就得在节流上多下工夫，因此，作为节流的方法之一——降低原材料费则理所当然地受到重视了。

在现今的情况下，要想降低原材料费，仅仅靠原材料部门一个部门是无法做到的，而需要相关部门的全力配合，也就是说需要举全企业之力来应对。特别是经营干部，每个部门的负责人的参与是必不可少的，这也是成功的关键所在。

◆——集中改善重点原材料

要想降低原材料费用，原则上得和每个原材料的供应商进行个别交涉。如果和每个供应商进行交涉的话，那么所花费的工作量则会成为生产的薄弱环节，因此，就得将目标锁定在重点原材料上。而一般情况下，那些重点原材料都是一些价格比较高的原材料，但是，根据情况而定，有时候比较难进到货的原材料也可能会成为重点原材料。

在确定好重点原材料之后，接着就组成几个小组，在每个小组领队的带领下进行有计划的交涉性的活动。小组的带头人不仅应该动员原材料负责人，还应该动员像厂长、技术部长甚至制造部部长、总务部部长这样的高层。在交涉的过程中，除了拥有一定的专门性知识之外，是否有具备代表这个企业的人员在场也是关键所在。

141

◆——在交涉过程中的有效工具

降低原材料费用的最大的关键点在于，保证畅销产品所使用的原材料能够有稳定且充足的货源。 因此，要做到这点，营业方面的信息当然不可或缺，以媒体为主的外部信息也很重要。 这些信息，不仅对产品的更新换代，还对展望预测业界的未来也起到十分重要的作用。

此外，自己公司的生产方式的提高也是其中一种重要的方法。 通过生产的平均化以及流程化等方式改善后的主攻型生产方式，对于双方来说都将是有利的。

◎降低原材料费用的方法

第一步	对于企业经营重要性的理解
第二步	选定重点原材料
第三步	成立以高层为小组长的采购小组
第四步	交涉方法的整理
第五步	制定采购战略

◆——是复数购买还是单独购买

首先，我们来考虑一下当同时有几个地方都能购买到同样的原材料时的情况。 近来，由于工资的差距、汇

率的变动、物流的维修等变化，购买原材料涉及的范围
扩大为全世界了。

11 委托加工的管理

这里的委托加工是指委托他人生产。 进行委托加
工，主要有以下三个目的。

◆——（1）降低成本

一谈到委托加工，大家可能都会觉得这种方法比较
廉价划算。 正是由于这种误解，所以有必要通过正确的
成本计算方法来重新进行评估判断。

首先，会计上的成本计算并非一件易事。 这是因为
在会计计算时使用的成本，大多数情况下都包含了设备
费用以及像福利保健等在内的固定费用。 而且变动负荷
费用中也包含了管理职位的成本，所以也请大家务必
注意。

此外，如果是厂家自己生产的话，还可以通过一系
列的改善活动达到降低成本的目的，但是，在委托生产
的情况下，则基本上是以将成本固定化为目的。

◆——（2）生产能力的调整

这里所说的生产能力的调整是指，伴随着生产的变

动，如何去应对超出生产能力的那部分工作。 此过程中需要注意以下几点。

首先要用长远的眼光来判断。 如果每个月的委托订货量出现波动的话，就会加大双方的损失。

其次，尽可能不要出现中间工序。 由于在工序的前后必须要拥有一定的半成品的库存，而为了要管理这些

◎委托加工的目的

要明确实施委托加工生产的目的！

（1）降低成本
　　评估是不是真的很划算

在比较划算与否时要注意的地方

• 依据会计上的成本不能进行划算与否的判断
　由于大多数情况下都附加了设备费用以及福利保健等固定费用。
• 根据人手富余和人手不足的不同情况，判断也不同
　在人员富余的情况下，若以确保雇佣为前提的话，委托加工则不能
　降低成本（本来就不用委托加工）；如果是在人手不足的情况下，
　自己公司所花的加班费以及临时工的费用就成为此时比较的要素。
• 切勿忘记委托加工管理的费用
　在进行委托加工时，进度管理业务和输入时的检查业务等所花的费用
　也是比较的要素。

（2）生产能力的调整
　　是否进行有计划的运用

（3）专业技术的运用
　　这种技术对本公司是不是真的需要

144

库存所花费的就是间接工作量。 这些间接工作量对生产
方式的改善也是一种巨大的障碍。

◆——（3）专业技术的运用

其对象是像冶镀、涂漆等本公司不能完成的作业。
因为设备投资也很必要，也是对象。

12 实例：原材料采购决策体系

接下来我们为大家介绍改善订单型生产的一般性方
法。 关键在于原材料采购能力的提高和决策的体系。

◆——开发周期的缩短

在订单型生产中，生产周期的延期是由于在原材料
缺货条件下开展生产造成的。 因此，我们首先得创造一
个没有缺货的生产条件。 缺货为零的生产所花费的开发
周期和以前的相比，呈明显缩短的趋势。

下面，我们运用较短的开发周期，来体验一下"聚
拢型"原材料采购。

◆——原材料采购条件的改善

根据采购周期和单价来决定重点原材料。 那些周期
较长且价格较高的原材料则成为需要改善的对象。 我们

145

的工作则是针对每个对象进行改善。

◎ "聚拢型" 原材料采购

目前的问题点

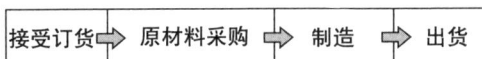

接受订货 ➡ 原材料采购 ➡ 制造 ➡ 出货

· 以接受订货为起点，每个部门都需各司其职。
· 存在采购周期较长的零部件。
· 生产和调整原材料的缺货问题同时进行。
· 结果比计划的生产周期所要求的时间缩短了。

实现聚拢型生产的步骤

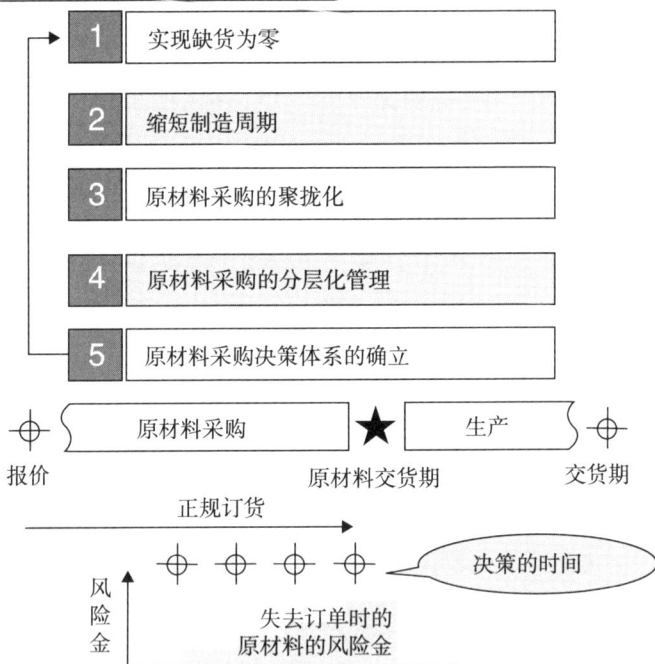

1 实现缺货为零

2 缩短制造周期

3 原材料采购的聚拢化

4 原材料采购的分层化管理

5 原材料采购决策体系的确立

原材料采购 ★ 生产

报价　　　　　　　　　原材料交货期　　　交货期

正规订货

决策的时间

风
险　　　　失去订单时的
金　　　　原材料的风险金

146

◆——原材料采购决策的体系构造

对于通过以上方法仍无法实现改善的原材料，如果不在冒着风险的情况下做出采购指令的话，是无法在销售的第一线取胜的。

重要的是，相对于交货期而言，提前几天采购、可能产生多大危险的计算体系。也就是说计算买进责任。依据这个风险指数和销售竞争中所获得利润数，来进行决策。

这种决策是关系到事业成功与否的重大事情，所以是总经理之类高层工作的重中之重。如果能够完善迅速判断的体系，将对今后的订单型生产产生十分巨大的积极作用。

第六章
库存管理的基础

1 对削减库存活动的定位

◆——库存是企业活动的结果，表现的是企业的综合实力

要是市场的需求和生产的时机达到完全统一，就不会发生库存。但是，在现实生活中，要想达到这种完全统一的理想状态是不可能的。

如果生产的流程化得以完全实行的话，那么半成品库存只要保存到最低限度就可以了。若是和生产同步购进原材料的话，那么原材料库存也只需要保留最低限度就可以了。

实际上，有些企业一方面想着尽可能地减少库存，

另一方面却为产生的庞大的库存量而整天发愁。

那么，到底应该怎样才能削减库存呢？ 下面，我就来跟大家讲一个方法。

为了达到削减库存的目的，仅靠生产部门一个部门的努力是不可能实现的。 即使工厂的某个部门制定了以削减库存为目的的生产计划，也是治标不治本，不能达到真正削减库存的目的。 因此，要想做到真正减少库存就需要包括工厂、营业部门、开发、物流等所有部门的全力配合。

如果不能理解库存是需要各个部门的配合这一点的话，是不能适应现在这个时代变化的，也达不到削减库存的目的。

◆——连锁反应和库存

此外，如果仅本公司努力的话是不能实现真正的削减库存的。 因为仅考虑本公司进行库存削减的话，它所产生的不良后果将波及到物流和小零售商，甚至波及到原材料的生产商。 因此，考虑到削减库存带来的连锁反应，以更加开阔的视野来开展库存削减活动，就显得越来越重要了。

◎削减库存的真正意义

经常发生的是

"我们正在搞库存削减活动"
"○○活动的目的就是为了削减库存"

是不是削减库存是其真正的目的？
在你的公司中对于消减库存的定位有
没有错误呢？

有时候削减库存会成为一种手段

将削减库存作为营利的一种手段

在变化激烈的时代实现营利

扩大销售
根据需要展开活用库存的
"进攻型"营业活动

降低风险
当市场需求急剧缩小的
时候，如果次品库存少的
话就可以平安度过

2 对库存认识的历史

◆——初期的看法——库存就是财富

在大量生产同样产品的年代，库存被普遍认为是一
种财富。 这是因为在生产同样的产品也能十分畅销的商
品经济时代，库存里的产品迟早都会被卖出去产生

151

利润。

◆——以后出现的看法——适当的库存量是可以通过经济计算得出来的

如果生产批量加大的话，那么所花费的库存费用也会随之增加。 另一方面，如果生产批量变小的话，那么在整备时所花费的费用同样也会随之增加。 因此，一种新的方法便应运而生。 即将这两种相反因素分别转化为成本，以经济性角度进行判断，计算出最合适的批量大小。 这种方法合乎逻辑，所以成为了库存管理方面较为主流的方法。

但是，这种算法有很多问题。 比如，在计算以利率为中心的库存费用时，就有不合理的地方。 它不考虑整备时间固定化等的现场改善。 此外，在单纯的金额方面的比较中，在比较与生产效率相关的各个指标时，由于库存费用的削减效果太小有被轻视的可能性等。

◆——现在的看法——库存就是罪

随着多品种少量化生产时代的到来，用计算出来的数值来评价库存的方法变得越来越不靠谱了。 这是因为技术的进步和畅销产品的变化等原因导致库存出现不良化倾向，甚至到了废弃库存的地步。 因此，库存就是罪的想法就自然而然地产生了。

152

◎ **对库存看法的变迁**

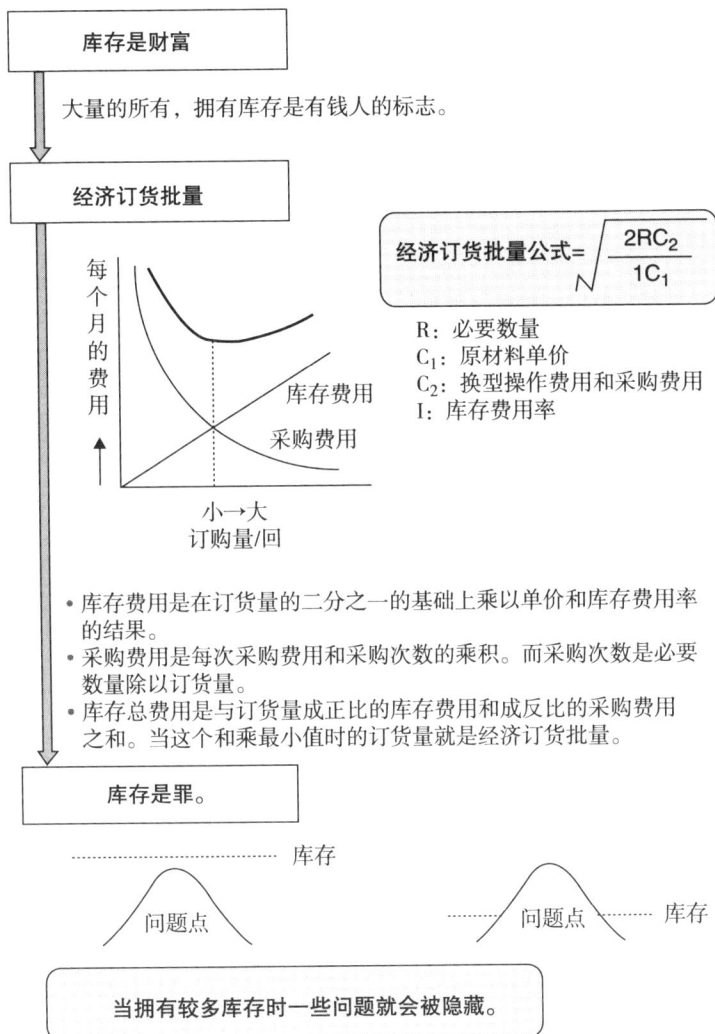

| 库存是财富 |

大量的所有，拥有库存是有钱人的标志。

| 经济订货批量 |

经济订货批量公式 $= \sqrt{\dfrac{2RC_2}{1C_1}}$

R：必要数量
C_1：原材料单价
C_2：换型操作费用和采购费用
I：库存费用率

每个月的费用

库存费用
采购费用

小→大
订购量/回

- 库存费用是在订货量的二分之一的基础上乘以单价和库存费用率的结果。
- 采购费用是每次采购费用和采购次数的乘积。而采购次数是必要数量除以订货量。
- 库存总费用是与订货量成正比的库存费用和成反比的采购费用之和。当这个和乘最小值时的订货量就是经济订货批量。

| 库存是罪。|

库存

问题点

问题点 库存

| 当拥有较多库存时一些问题就会被隐藏。|

153

3 库存的优点及缺陷

◆──减少库存是时代的要求！

如果销售发生较大变动，要想对销售进行预测的话是很难的。而且，由于产品寿命的变短，必须不断地向市场推出新产品。所以，在这样的时代背景下，尽量不要积压库存对于企业的存亡来说是至关重要的。

为了应对市场环境的变化，拥有一定的库存却又是极为必要而且是极为简单的办法。但为了防止亏损和原材料断货的出现，如果仅通过库存来应对的话，那么改善方面的神经就会懈怠下来。其实，为了迅速应对市场的需求而作的改善活动不仅不是一件易事，还是一件十分棘手的苦差事。因此，首先得克服重重困难，要有彻底实施削减库存的心理准备。

◆──活用拥有库存的优点

即使削减了库存，强化了企业的素质，还是有解决不了的问题。例如，缺货和特定材料的进货难等问题。

过去，我曾经接受过这样的咨询。"最近原材料可能会断货，但这阵子正好在进行削减库存的活动，所以不能大量地购进原材料。那这个时候应该怎么做才好呢？"

近来，出现了全球性的资源危机，由于原材料的断

154

货而导致的生产停滞时有发生。 库存削减的结果，是不能生产畅销产品，错失了赚钱时机，那么大家就会对削减库存的目的产生怀疑。 在这样的情况下，需要的是"临机应变进行判断"。 总而言之一句话就是，以削减库存为基本，考虑活用库存才是最为重要的。

◎从削减库存到活用库存

库存的缺陷

◆隐藏其他问题
◆资金的固定化
◆库存本身的问题点

比起简单的库存还不如通过改善来提高企业的素质！

从库存削减到活用库存！

库存的优点

◆起到了消化需要变动的作用
◆起到了缩短周期的作用
◆起到消化生产活动上的不确定因素的作用
◆大量生产以及大量购买起到了降低成本的效果
理解拥有库存的优点是十分有益的！

155

4 战略库存的想法

保持平均化生产的关键在于"战略库存"。 其对象
请参考下页图。

◆——削减库存和平均化生产

当平均化生产被扩大时,那么生产的机会也就会随
之增加。 本来每月一次以批量生产方式生产的产品,变
成每天生产的话,这样连续工作 20 天,也就意味着生产
机会增加了二十倍。 因此,此时的库存量就是二十分之
一。 通过以上可以看出平均化生产的实现,对库存的削
减产生了较为明显的效果。

◆——特别销售的应对

上面所说的平均化生产是生产部门梦寐以求的生产
方式。

但是,另一方面特别销售也很重要。 虽然可能是暂
时性的,但是在特别销售的时候也会有相当大型的货物
销售而且也可能会成为今后增产的一个重要的契机。

在特别销售时,的确能够在较早的时候就获得信
息。 但是,有时候市场也会需要在通常生产能力下无法
完成的生产量。 在某种范围内,是可以通过加班等工作
时间的变动来解决问题。 但是,如果超出了加班等方法
可以解决的范围,那么应该怎么办呢? 在这种情况下,

需要采取预防措施，这就是战略库存。

◆——解决平均化生产的缺陷

平均化生产具有可以固定生产计划的优点。 另一方面，却失去了发生巨大变动时的应对能力。 那么解决这个缺陷的方法就是战略库存。

◎战略库存的想法及其运用

战略库存对象的选定

——战略库存不是随便胡乱拥有的库存
依据下列条件来选定战略库存的对象。
· 销售量较多且较为稳定的产品
· 能够使用共同工序的产品
· 模型更换不频繁，寿命较长的产品
· 比起拥有多品种少数量的产品，还不如大量拥有某种特定的产品

战略库存的运用方法

战略库存——特别销售400个入货的情况

日	10	11	14	15	16	17	18	21
特别销售产品	–	–	80	80	80	80	80	–
战略库存产品	100	100	20	20	20	20	20	100

——经常以平均化生产为背景进行考虑
· 即使针对特别销售的产品也考虑交货期，尽可能制定平均化的生产计划。
· 即使是战略库存的产品，也应该尽可能地减少生产量而保持持续生产。
· 随着特别销售生产结束，战略库存的生产量也就随即增加。

5 削减库存的步骤

◆——错误的削减库存活动

在保留着大量生产大量销售的想法的企业中，往往认为削减库存应该是从削减产品库存开始的。 其实，这种想法是错误的。 因为产品库存不是通过营业部门的努力就能消化的。

◆——实现削减库存的步骤

削减库存是通过改善活动来实现的。 因此，削减库存也应该按照改善活动实施的顺序来依次进行，这样才能产生应有的效果。

首先应该进行的是半成品库存的削减。 而实现这个最为有效的方法就是生产的流程化。

将批量生产、批量发货的方式，转换成单件生产无停滞的流水线生产，这样就可以急剧地减少半成品的库存。

接下来的一步是原材料库存的削减。 要想实现这个目标，开展生产的平均化则比较有效。 通过实现平均化生产，原材料采购的平均化也得以实现。 这就意味着以前成批购入原材料的方法变更为多频率采购的方法。

如果单纯进行多频率采购的话，那么原材料生产厂家可能会要求提高单价。 但如果实施平均化采购计划的话，在原材料生产厂家的生产变得更加便利的同时，物流也会变得很轻松，或许可以在不提高单价的基础上实现多频率采购。

◎削减库存的步骤

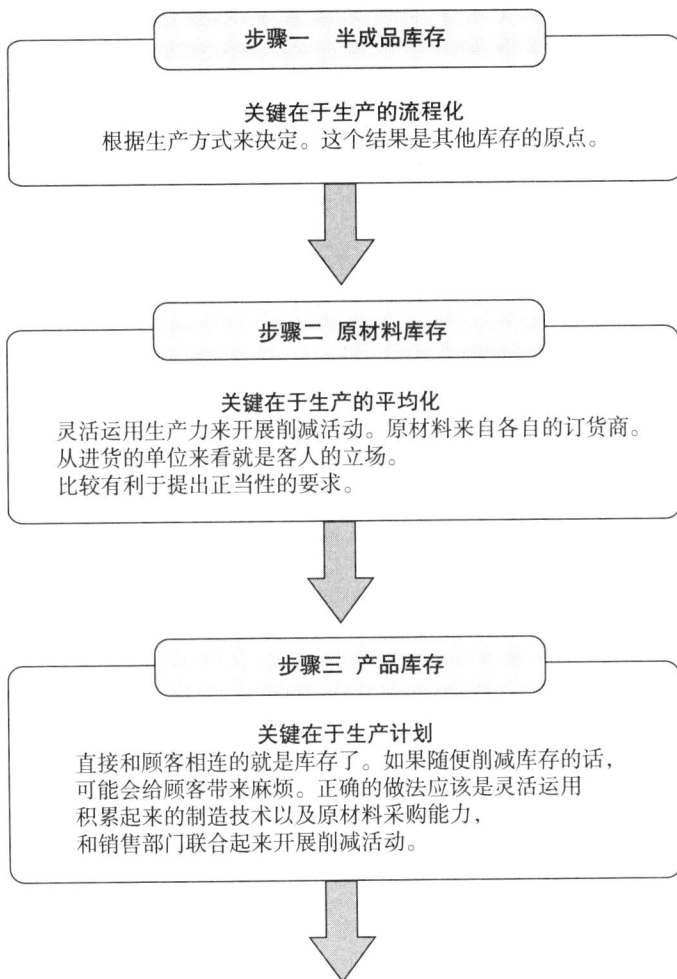

步骤一 半成品库存

关键在于生产的流程化
根据生产方式来决定。这个结果是其他库存的原点。

步骤二 原材料库存

关键在于生产的平均化
灵活运用生产力来开展削减活动。原材料来自各自的订货商。
从进货的单位来看就是客人的立场。
比较有利于提出正当性的要求。

步骤三 产品库存

关键在于生产计划
直接和顾客相连的就是库存了。如果随便削减库存的话，
可能会给顾客带来麻烦。正确的做法应该是灵活运用
积累起来的制造技术以及原材料采购能力，
和销售部门联合起来开展削减活动。

159

最后一步就是产品库存。 通过确立能及时应对市场变动的生产和与市场直接联系的生产计划方式，来达到削减产品库存的目的。

6 以生产部门为核心的库存削减活动

◆──负责产品库存是生产部门的职责

在实施削减产品库存的活动时，首先得决定责任部门。 哪个部门比较适合呢？ 我想肯定会有人说销售部门比较适合。 这样的想法是不对的。

正确的是由生产部门来担当这个职责。 正如前面所说明的那样，应该认为削减产品库存是在半成品库存削减、原材料库存削减的延长线上的活动。 库存削减很大程度上都靠生产部门的努力，其成功与否很大程度上取决于生产部门。 产品库存的削减，以短生产周期和能应对变化的原材料采购力为基础，以实现将市场和生产相联系。

对于销售部门我们可以期待的是来自特别销售的信息。 当然，尽早觉察市场变化是销售部门的职责，但是生产部门在多数场合也是可以察觉市场变化的。 因此，生产部门绝不能是被动的工作姿态，这点是十分重要的。

◎经常遇到的问题

◎产品库存的责任部门是?

正解	生产部门应该承担削减产品库存的责任。
理由	削减库存应该按照半成品、原材料、产品的顺序来实施。因此,最为基本的就是技术的革新。技术革新的活动则是生产部门的职责了。
现状	没有很好地举行生产销售会议的企业较多。生产销售仅仅成了信息传递的场所。

举行生产销售会议的场所?

对策1	首先,将产品仓库设置在工厂现场。通过将产品库存置于生产工序结尾处,生产部门产生应对产品库存的自律神经。
对策2	接下来,运用上述活动取得的成果,在产品仓库举行生产销售会议。在生产现场看着现物举行会议的话,可以对封藏品的处理、休眠库存的处理以及停产等做出正确判断。

◆——通过增加销售来支援库存的削减

真正的产品库存的削减应该是通过销售的增加来实现的。 企业活动的最重要的课题是赚钱,从这点讲增加销售也十分的重要。 增加销售不仅仅是销售一个部门的事情,生产部门也得把它作为一个重要课题多下工夫。

161

话又说回来，在激烈的竞争中要想取胜的话，就得确立优于其他公司的销售条件。 因此，水平较高的 QCD 就不要说了，能够迅速应对市场变化的生产能力以及能够直接推出新产品的生产能力都很重要。

第七章
成本管理的基础

1 成本管理的必要性

◆——成本管理的目的

只有盈利，企业才能生存下去。 为了实现盈利而进行管理的体制就是成本管理。

◆——为了盈利而进行的活动

以前企业定价都是在所花费的成本的基础上，加上想获得的利润来制定销售价格的。 但是，在现今这样一个竞争激烈的时代，这种想法已经过时了。 现在是由市场来定价。 企业都必须以这个市场价格为前提，因此为了获得企业生存所需的利润，就必须按照用销售价格减去企业利润后所得的成本价来进行生产。

正如下页图所示的推导公式那样，可以看得出这是和以前的想法完全相反的概念。

◆——管理活动的着眼点

为了实现盈利，应该怎样做呢？ 下面我们以实现两倍利润为例来考虑一下。 依据市场和商品关系的不同，这个问题也随时变化着的。 在受市场欢迎而又出现脱销的情况下，是有可能提高销售价格的。 假如没有达到脱销这么受欢迎的程度，只要产品有一定的市场竞争力，将销售量提高两倍也是没有问题的。 但是，这必须是在能瞬时将生产量提高两倍的情况下才有效。因为即使有市场竞争力，如果生产跟不上来，再有市场但没有商品卖也是不可能产生利润的。 另一方面，在竞争处于劣势的情况下，虽说要想将销售量提高两倍的话不是一件容易的事情，但还是可以通过降低成本来增加利润的。

无论在哪种情况下，要做出正确的决定，都必须要正确把握市场和公司情况。

164

◎ 成本价/销售价/利润

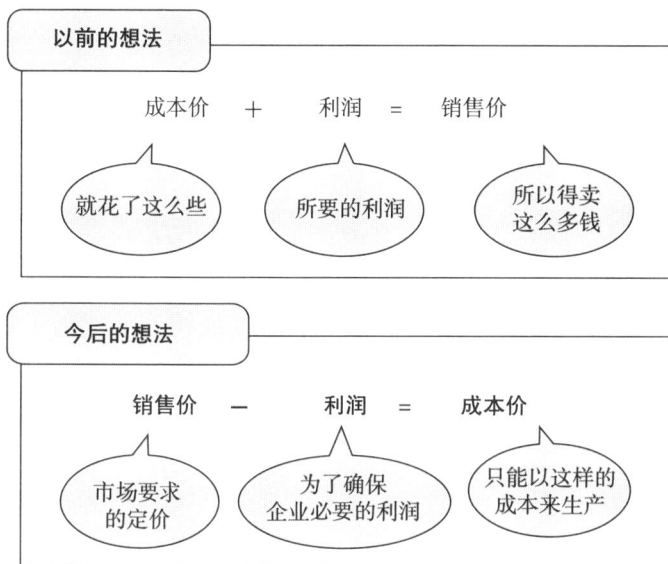

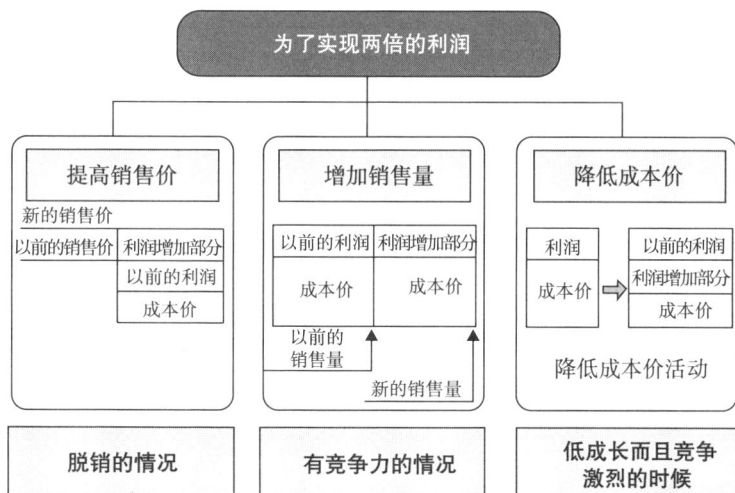

以前的想法

成本价 ＋ 利润 ＝ 销售价

就花了这么些　　所要的利润　　所以得卖这么多钱

今后的想法

销售价 － 利润 ＝ 成本价

市场要求的定价　　为了确保企业必要的利润　　只能以这样的成本来生产

为了实现两倍的利润

提高销售价	增加销售量	降低成本价
新的销售价		
以前的销售价　利润增加部分	以前的利润　利润增加部分	利润 ⇒ 以前的利润
以前的利润	成本价　成本价	成本价　利润增加部分
成本价	以前的销售量	成本价
	新的销售量	降低成本价活动

| **脱销的情况** | **有竞争力的情况** | **低成长而且竞争激烈的时候** |

165

2 标准成本管理

◆——为什么需要考虑标准成本呢

在实施成本管理的过程中，由于受到操作度、作业效率、设计变更、购买设备等影响，成本会发生变化，最终使所付出的努力得不到正确的评价。因此，就有必要对零部件构成、材料费单价、不良损失率、工作时间、汇率等项目通过设置一个标准值来设定标准成本。

这样设定的标准成本，被看作是对目前生产方式的一个期待值。

◆——通过标准成本的改善活动

在生产之前进行的事前成本计算是标准成本计算。与此相对，在实际生产中发生了费用之后进行的事后成本计算就是实际成本计算。

将实际成本计算和标准成本计算的结果按照费用类、部门类、产品类在单位成本的水平上进行比较。通过分析这两个成本数据之间的差异，从成本侧面，对生产能力的提高、次品率的降低、成品率的提高、经费的降低等成果进行评价，并将分析和评价的结果运用到下次的计划制定中去。这样的体系就是标准成本管理。

◎通过标准成本的改善活动

1 标准成本的设定

标准成本=
标准直接材料费 + 标准直接劳务费※ + 标准制造间接费

（1）标准直接材料费 = 标准使用量 × 标准单价
（2）标准直接劳务费 = 标准时间 × 标准汇率
（3）标准制造间接费 = 标准总额 ×标准分摊率

※成品率问题对使用量有影响

2 实际成本的计算

搞清产品的成本在实际中到底花了多少

（1）费用类别成本计算（材料费、劳务费、经费）
（2）部门类别成本计算
（3）产品类别成本计算

3 成本差异的分析

通过标准成本和实际成本的比较来进行

（1）使用量的差异
（2）单价的差异

4 原因的调查和对策

对产生差异的项目进行调查搞清产生的原因并采取对策

（1）成品率的恶化导致使用量的增加——整备的增加、材质的恶化、
不良损失品的增加
（2）由于生产能力的低下导致作业工作数的增加——不熟练、作业
编成时的损耗、间接时间的增加

167

◆——标准成本的留意点

成本是由材料费、劳务费、经费三个部分组成。 经费不是和折旧费、修理费以及能源费等生产直接相关的，劳务费中也包含了直接劳务费之外的退休补贴和福利保健费用等在内。 所以，若在内外制探讨等经济性判断中使用标准成本的话，可能会得出错误的结论，请务必注意这点。

3 财务会计和管理会计

◆——成本计算的目的

成本计算根据其目的可以分成两个。

① 是向企业的利害关系者的报告书。

② 为企业的经营掌舵。

前者①被称为财务会计目的，后者②被称为管理会计目的。 对这两者之间的不同有必要进行一些了解。

◆——为财务会计进行的成本计算

用于财务会计的成本计算，可以说是一种对生产了多少产品的成本的把握，以及对卖出的商品赚了多少钱的销售利益的把握的方法。 也可以说是表示过去一定时期内损益的损益计算书的制作方法，或者是表示一个时期末财政状况的资产对照表的制作方法。 说得更明白一点，可以说是结果评价的计算，也是为了正确的支付税金而制定的。

◎成本计算的目的

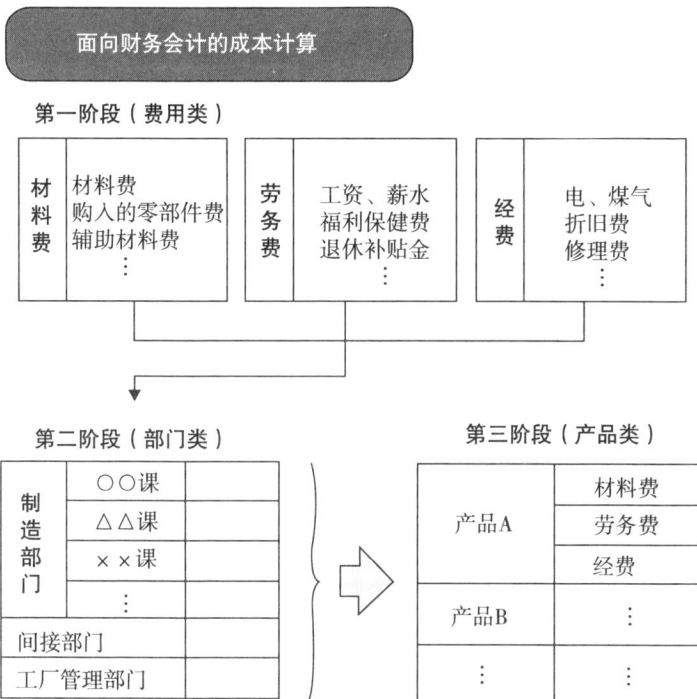

面向财务会计的成本计算

第一阶段（费用类）

材料费	材料费 购入的零部件费 辅助材料费 ⋮	劳务费	工资、薪水 福利保健费 退休补贴金	经费	电、煤气 折旧费 修理费 ⋮

第二阶段（部门类）

制造部门	○○课	
	△△课	
	××课	
	⋮	
间接部门		
工厂管理部门		

第三阶段（产品类）

产品A	材料费
	劳务费
	经费
产品B	⋮
⋮	⋮

面向管理会计的成本计算

（1）向降低成本活动引导

产品成本的推移，工序类别成本推移，算出各种改善活动的实际成果

（2）用成本报价计算来对新产品进行评价

在开发阶段就定好销售、成本、收益目标，再据此在各部门开展活动

（3）实行经济型决策

通过和代替方案的对比来得出正确的经济型决策

169

虽说是一种重要的体制，但其本来的目的不是决策将来的事情，所以若是原搬照套的话，就可能出现失误。特别是要避免用这个结果决定需要分摊的固定费用。

◆——为管理会计进行的成本计算

在降低成本活动和成本比较活动中，此时的成本计算可以说是帮助公司做赢利决定的方法。但由于过于侧重于繁琐的手续，且变得以计算为主，所以在实际中并没有得以充分地运用。

4 正确的经济性判断的基础

◆——比较的原则

比较的原则是决策时所依据的经济性分析的基础。具体的可以用下面两点来表示。

第一，要弄清比较的对象。也就是说要搞清楚是谁和谁比较。比如，现状和改善方案、现状和引入设备的时间、现状和应有的状态等，弄清比较对象。比较不是单方面的，所以需要双方都用比较冷静的态度来看待。

第二，仅对出现差异的项目来进行定量化比较。预先设定好收入的变动和支出的变动并进行定量化。

◆——在实施时要注意的地方

我们将条件不同的复数的方案称为代替案。 一般将有问题的诸多事项都整理成为代替案，而其中只对出现变动的金钱的流量进行定量化。

◎经济性"比较的原则"和判断形式

比较的原则

（1）弄清比较对象
（2）仅就不同的项目进行比较
　　①实施与代替方案的比较
　　②运用常识

经济性判断形式

	现状	改善案
主要内容		
变动的项目		
经济性计算		
判断		

171

尽管研究代替方案是一种科学性且具有逻辑性的解决问题的基本，但是实际上，正确实施了这种方法的企业则非常的稀少。 大部分企业都是通过抽象化的研讨就草率地进行决策，因此，所作出的决策就经常会被经营者、公司及外部的意见所左右。 所以，我认为在决策的时候一定要养成通过研讨代替方案来进行定量化比较的习惯。

一谈到钱的问题，不善于经营金钱的人就会想到这是会计等专业领域的问题，所以就唯恐避之不及。 在比较的原则中，由于是以变动的资金为对象，因此就没有必要拥有这么专业的知识。 相反，在依赖会计和经管等专业领域进行损益判定时，由于不了解实际业务导致了错误的经济性判断的例子有很多。

5 人手不足的情况和人手富余的情况

◆——在改善活动中经常出现的错误

在改善活动中出现的错误，有一种叫"没有状况判断的活动"。

例如，在设备工序中为了缩短生产准备周期而进行的小批量化生产，比较容易出现这样的错误所以请大家务必注意。 换句话说，小批量化导致整备次数增加，而

172

使生产能力下降。 在生产能力不足的时候，开展这样的活动，就会导致缺货现象的发生而最终错失商机。

在这样的情况下正确的判断应该是通过整理批量来求得生产能力的提高。

◆——人手不够的情况

我们将对产品的需要超出了其供给的状态称为人手不足的状态。 换句话说，即使有订单也不能进行生产的状态，也就是生产能力不足。

要想解决这个问题，就得集中解决在瓶颈工序中生产能力不足的问题。 所谓瓶颈工序是说，在生产整个过程中最没有生产能力的工序。 要解决人手不足的问题，就得集中力量去解决瓶颈工序的生产能力的问题。

那么，首先要做的是正确把握瓶颈工序的实际状况。 通过工时定额研究（Time Study），从每个产品所花的净时间入手来预测到底能完成理想状态的多少。 接下来，则要想着为了接近这个理想状态应该采取何种方法，并将此方法付诸实际行动。

◆——人手富余的状态

我们将供给能力超过需求的状态称为人手富余的状态。 在人手富余的情况下，经济性判断就变得越来越重

173

要了。

对于企业来说人手富余的状态不是他们所喜欢的。但是，在变动的时代只有有效利用人手富余的状态才能战胜对手。

关键在于如何处理劳务费和设备费，在设定销售价格的时候，成本价是如何考虑的。

在人手富余的状态下，不管工作量有多少，由于都不会产生新的费用，所以可以认为这些费用都为零。然后，通过降低销售价格来提高销售量。在这么简单的工作中不要感叹为什么赚不到钱，而要考虑在进行损益判定的基础上，怎样才能盈利的问题。

◎人手不足/人手富余

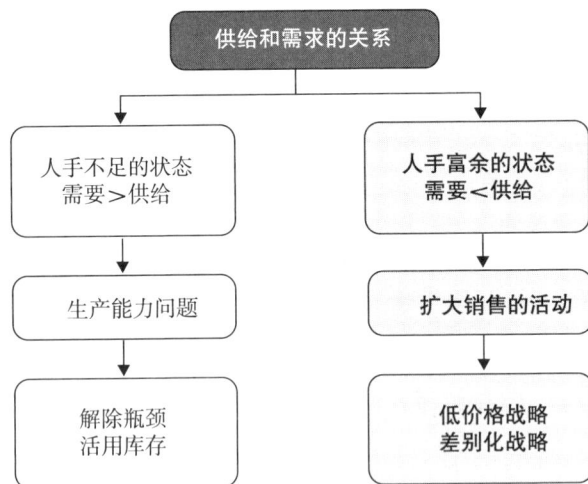

供给和需求的关系

人手不足的状态
需要＞供给

人手富余的状态
需要＜供给

生产能力问题

扩大销售的活动

解除瓶颈
活用库存

低价格战略
差别化战略

6 沉没成本（Sunk Cost）

◆——所谓沉没成本指的是什么

沉没成本是指已经发生的投资中，在研讨代替方案时和判断优劣无关的费用。 在经济性判断时常会引起失误的正是沉没成本，所以有必要深刻理解沉没成本。

◆——设备折旧费的处理法

实际上设备折旧费是税法上的说法，在判定损益的时候使用的话，就可能导致错误的判断。 例如，以判断是自产还是委托加工为例。 若以变动费用为着眼点来考虑的话，那么我们可以发现无论对象作业到底是自产还是委托加工生产，都和在设备导入时所付的费用是没有任何关系的。 这就是因为有沉没成本存在。

◆——间接工时的分配

在实施了单个成本计算的企业中，进行经济性判断时有考虑分配间接工时费用的例子。 这种做法也是不对的。 间接员工的意思是无论生产量的增减，人员也不发生变动。 而且工资也基本上是固定的。 这就是沉没费用。 这种费用基本上按照固定费来看待，所以必须要从当前的损益计算中减除。

175

前提条件：
- 利用公车上下班。
- 购买了一个月的定期券。价格是一万日元。
- 一个月上二十天班。因此得坐四十次车。
- 这样算下来每次乘车的费用就是二百五十日元。

是这样想的
- 今天是周日公司休息。
- 偶尔得去公司附近的商店去购物。
- 天气也不错，而且今天没什么急事。
- 如果骑车来回的话，可以省250×2=500日元
  好的，就决定骑车去了！

好的，就决定骑车去了！

这样的想法是错的！

沉没费用的适用
- 已经购买了公车的定期券。
- 所以每天乘公车的费用就是沉没费用。
- 所以不是250日元/次，而是0日元/次。

因为坐班车上班轻松，
所以快坐班车吧！

◆——常有的错误

我们通常都是以材料产品的单个成本为单位来召开会议。在会议上，由于某种产品的销售出现了赤字，所以有人就提出是不是不生产这种产品的话就会赚钱了呢。这就是由于在成本计算时把沉没费用也计算进去而出错的典型例子。

176

7 边际利润（Marginal Profit）和损益平衡点

◆——边际利润是什么

产品的销售价格减去变动费用就称为"毛利"或是"贡献利润"。如下页表所示，以生产量和劳动时间等操作水准为横轴，以利润为纵轴，平均每个单位的毛利就是边际利润。

◆——具体的活用方法

让我们来考虑一下人手不足状态下产品的选择。

为了要提高利润，我们就要增加销售降低变动的费用。那么是不是生产毛利率较大的产品就能赚钱呢？事实并非如此。

在生产跟不上的状态下进行产品选择的话，首先得算出各个产品的毛利润，接下来再推测出生产每个产品所需要的时间。由于时间是约束条件之一，所以得按照平均时间的毛利，也就是说按边际利润较高的顺序来选择产品才是正确的。

◆——说到赚钱

对于企业来说，有一些必须要支付的固定费用。为了维持企业的正常活动，像人工费等诸多经费都是每个月必须支出的费用。对于企业来说，要想赚钱的话就必

177

须尽可能地多积累这些超出固定费用的边际利润。

◎收支平衡点的含义

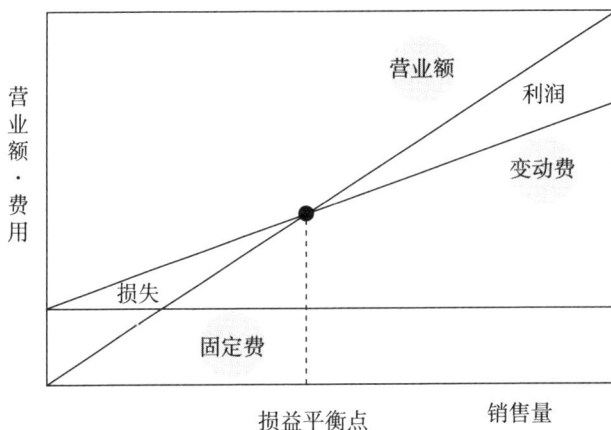

营业额·费用

营业额

利润

变动费

损失

固定费

损益平衡点　　　　　　销售量

收支平衡点

收入和费用相等。
也就是区分损失和利益的点。

$$损益平衡点 = \frac{固定费}{1 - \dfrac{变动费}{营业额}} = \frac{固定费}{1 - 变动费率} = \frac{固定费}{边际利润率}$$

〈例〉　销售价（个）=1 000日元
　　　　变动费（个）=600日元
　　　　固定费（个）=200 000日元

边际利润=1 000日元/个−600日元/个=400日元/个

$$损益平衡点 = \frac{200\,000日元}{400日元/个} = 500个※$$

※卖得比500个多的话，就会产生利润。

178

综上所述，从人手不够和人手富余的状态进行考虑，在不同的状态条件下采用不同的方法，这对于能否赚钱来说是非常重要的一件事。

8 关于投资

◆——投资的必要性

在人手富余的状态下，为了扩大销售量就需适当调整销售价格。 但是，如果真的这样做的话，就可能导致人手不足状态的发生。 那么通过以瓶颈工序为中心开展一系列的活动以期解决问题，以收获更多利润。

◆——彻底活用瓶颈工序

问题是在何种体制下运用瓶颈工序。 最大的可能性是，一年 365 天不分昼夜连续活用。 为此，首先要充分确认是否进行过对有利于发挥潜力的工作条件的研究。

我在本书的后面将会讲到，实际分析一下瓶颈工序的话，就会发现，虽然被称为瓶颈工序，但很多情况下，所谓的瓶颈工序并没有得到充分利用。 请计算一下由于晨礼、休息、整备等停止时间导致错失了多少商机呢。 我们就会发现在人手不足时错失的商业利润和停止时间的边际利润总值是相当的，数目非常之大。

◆——投资计划的关键点

在进行投资判断时，对投资回收计划的研究非常重要。 首先，研究一下决定投资与否的投资替代方案。如果进行投资的话，边际利润是指，在总结中计算一下与投资相关的费用经过几个月才能得以回收时的利润。

◎在生产能力不足状况下的设备投资

- 做多少都能卖出去的状态。
- 由于设备的生产能力不足导致错失商机。

常见的误区

机会到了！
　在关于设备投资的方向的问题上，从多个厂家那里拿到估价单进行比较。
↓
但是…
　在进行设备检讨上花了很多时间。
　书面请示、决议等太慢了。
↓
结果…
　在花时间讨论的时候，产品已经卖不出去了。

正确的顺序

（1）看看是不是真的是生产能力不足的状态
　・是不是要求24小时、365天都要工作呢
　・换型操作等停止的时间是否恰当
　・有没有由次品等导致的亏损
　⇨ 少数量投资的话，就得速断速决！

（2）考虑简单提高生产能力的对策
　・能否支援一下瓶颈作业
　・能否进行委托加工
　⇨ 增加小数目的费用的话，就得速断速决！

（3）考虑设备投资
　・增加的边际利润的回收期间是
　↕
　・这个产品在之后什么期间能销售呢
　⇨ 把投资看作是借钱

180

9 从管理到决策

要想实现营业额和利润的增加，正确且快速的判断即决策是十分重要的。 试问一下您对实现这一方面的成本管理有自信吗？

◆——有自信

根据场合的不同，有时候有自信比没有自信更糟糕。多数成本管理的惯例是以分析过去的成本为中心进行的。从中找出问题点，并通过解决问题来指导增加利润。

在这其中有两个不足之处。 第一，在掌握成本时得花上较多的时间，而且需要专业队伍；从多数的管理者到一般的工作人员都需要有数据记录的工时。 第二，由于是过去的数据，所以信息的提供比较迟缓。

因此，检查是否在光收集一些对于决策没有任何意义的数据，即检查成本管理才是关键。

◆——没有自信

说到成本管理有人会不由得产生一种厌恶的情绪，所以对此没自信的人挺多的。 是不是因为成本管理这件事比较难的缘故呢。 其实，关键在于你有没有常识。

让我们来考虑一下家庭内部的金钱用度。 现在把家庭开支都用家计簿记录下来的家庭一定不多。 而最为重要的是钱在钱包里的感觉，进行长期人生设计的感觉。

181

在企业的活动中，"能进多少钱？""大概得花多少钱？""固定费用是多少？"等，了解清楚这些才是基础之基础。

◎对成本管理有自信吗？

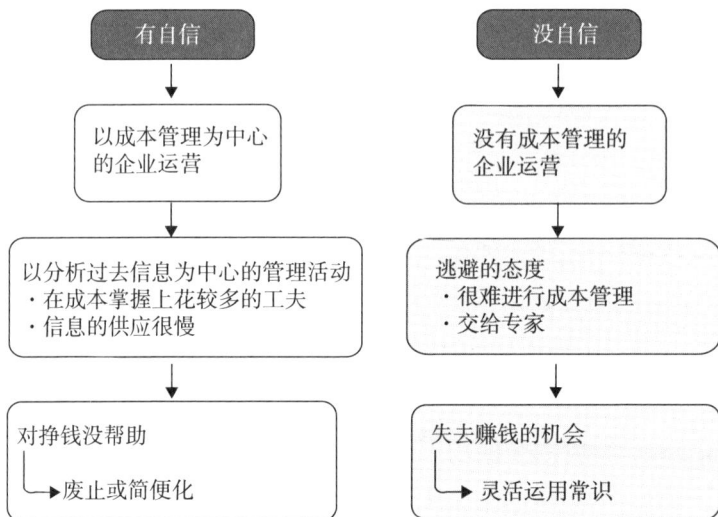

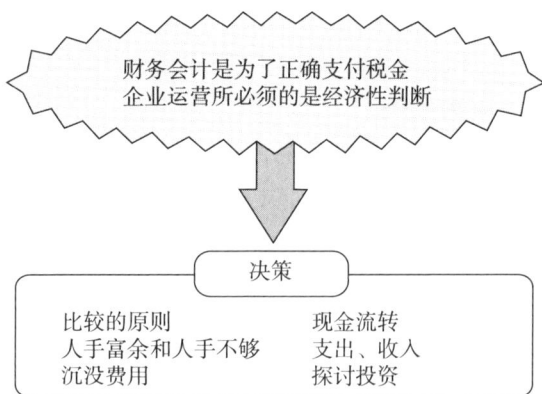

有自信

以成本管理为中心的企业运营

以分析过去信息为中心的管理活动
·在成本掌握上花较多的工夫
·信息的供应很慢

对挣钱没帮助
┗→废止或简便化

没自信

没有成本管理的企业运营

逃避的态度
·很难进行成本管理
·交给专家

失去赚钱的机会
┗→灵活运用常识

财务会计是为了正确支付税金
企业运营所必须的是经济性判断

决策

比较的原则	现金流转
人手富余和人手不够	支出、收入
沉没费用	探讨投资

182

第八章
生产信息体系的基础

1 生产信息体系的问题点

在现今这个 IT 时代里，大部分企业的生产信息体系都存在问题。 这是为什么呢？

◆——动态信息是棘手的信息体系

生产信息体系和大多数部门息息相关。 从销售和开发的协作，到工厂内的生产计划、原材料的购买、品质管理、成本管理等都需要处理多种信息。 还有从原材料的投入开始到产品出货为止，在管理这些复杂的工序时，也需要很多必要的信息。

下页图中表示的就是制造业企业的一般信息体系，

其在信息体系的说明图中也经常被描述到。

◎生产信息体系的范围和问题点

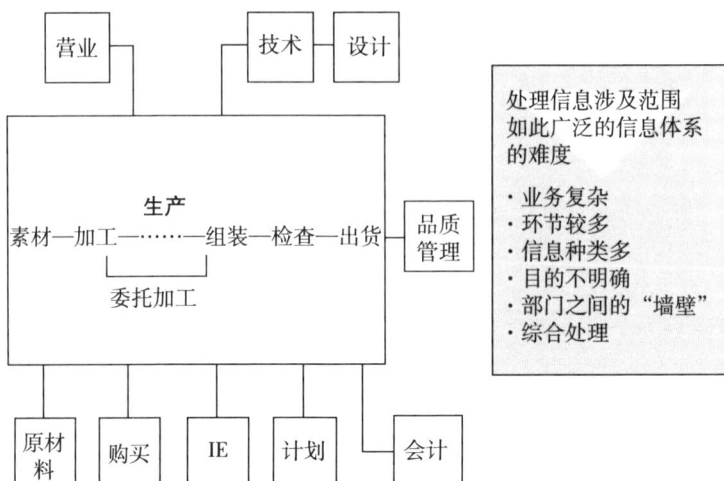

虽然看上去比较简单，但实际上，业务的机能性关系较为复杂，要是把它们所反映的信息关系用说明书的方式写出来的话，可能得写上厚厚的一大本。道理上来说，如果将这样的复杂的业务信息体系交给计算机处理应该是比较合适的，但在实际情况中，却远非如此。

原因是所处理的信息是动态的信息。所谓动态信息是指时时刻刻都在发生变化的信息。计算机在处理动态信息方面却出乎意料的不是很拿手。主要是由于正确输入动态信息很困难。要想将动态信息正确且迅速地输入到计算机的话，就得花费巨大的工时。

◆——黑箱化很危险

众所周知，计算机是依据编程来进行数据处理的工具。 但是，正是由于计算机的这种特性才产生了问题。 打比方说，由于处理内容被黑箱化，所以其处理过程就无法被看到。 这样的话，即使计算机进行错误的数据处理，我们也有可能长时间察觉不出来。 如果生产信息体系中出现这样的情况，就会出大问题。

但话又说回来，我们又不能因此对计算机进行全盘否定。 总而言之，我们必须在清楚地了解计算机的问题点和其局限性的基础上，灵活运用信息体系。

◆——在多品种小批量化生产中不能适用的信息体系

现在正在使用的生产信息体系的基础是在大批量生产时代所奠定的，所以，在现今这个多品种小批量化生产的时代是不适合的。 其结果就会导致生产计划的变更变成理所当然的事情，异常情况的处理就会成为业务的中心。 那么最终也会使信息体系成为以处理异常情况为中心的一个体系了。

2 生产信息体系的基本理念

◆——基本理念

既然计算机是工具的话，那么好好加以利用才是关键。 实际中，存在熟练运用计算机的企业和没有熟练运用计算机的企业。 那些没有熟练运用计算机的企业，也可以说是没有很好实施业务改善的企业。

让我们再来看看生产现场的情况。 如果工序改善没有什么进展的话，那么每个工序就必然得拥有一定的半成品库存。 在这样的情况下，若是构建信息体系的话，就需要收集较多的信息和需要更为大型的计算机。 例如，在原材料采购方面，现物订货如果进行得不顺利的话，那么从生产计划到库存管理就有莫大的工作量需要处理。

◆——必要的信息和不必要的信息

根据信息体系的内容，可以将信息体系分为三种辅助体系。 接下来，我们来考虑一下必要性和有效性。请见下页表。

"作业信息体系"是为了推进实际业务的执行，是在现实业务中必不可少的体系，但是在将来就有必要考虑能够改善到什么程度。

"管理信息体系"根据其在决策时使用与否，应该被重新给予评价的信息体系。 若在决策时没有使用到的指标就是不必要的指标。

　　"战略信息体系"可以称作是作用于将来企业运营的信息体系了。 所以在今后需要加以强化。

◎ 三个辅助体系

	作业信息体系 Operating Information System	管理信息体系 Control Information System	战略信息体系 Strategic Planning Information System
内容	• 材料、零部件库存的记录 • 订单、交货单（出货单）的发行 • 作业指示传票的发行 • 生产实际成绩记录等	• 标准时间管理 • 品质管理 • 工序管理 • 成本管理等	• 预测需要 • 新产品展开计划 • 设备计划等
现状	◎ 必须彻底开展业务	○ 作为管理用的数据	△ 必要非充分条件
将来	○ • 通过改善业务来进行简单化 • 被认为是"必要恶"	△ • 实际决策中不需要的东西 • 被认为是过去的数据	◎ • 左右企业运营的信息 • 被认为是将来的数据

3 信息体系和生产管理部门的作用

◆──扮演好各层次的角色

在构建信息体系的时候需要多个阶层和部门的成员的参与，目的不是在构建一个好的生产信息体系，而是在于活用这个生产信息体系并顺利开展业务的运营。所以，处理这些工作的既不是 SE（系统工程师）的事情，也不是信息体系部门的事情。由于核心业务是生产管理，当然是由生产管理部门来担任。

此外，在工序开展过程中的进度管理，必须要每三个月进行一次总结才能有效。

◆──创造系统构建的环境

以生产的流程化和生产的平均化为核心的简单的技术构筑是必须条件之一。

还有，5S 和可视化管理以及工序改善等都必须付诸实际行动。通过订单分析进行销售信息的分层化及平均化生产计划的导入等也是关键所在。

◆──明确前景

常规作业要尽可能的简单化，简单到谁都能上手的地步。因为，这个关系到能否将与生产相关的分工化业务集中到制造部门。生产管理部门得从"现在的中心"

向"着眼于未来的业务"过渡。

在这样的情况下，作为生产管理部门应该进一步加强和销售部门、开发部门之间的合作。 因此，即使在构建生产信息体系的时候，也应该把握时代的变化，放眼未来，构建立足于未来的生产信息体系。

◎生产管理是核心

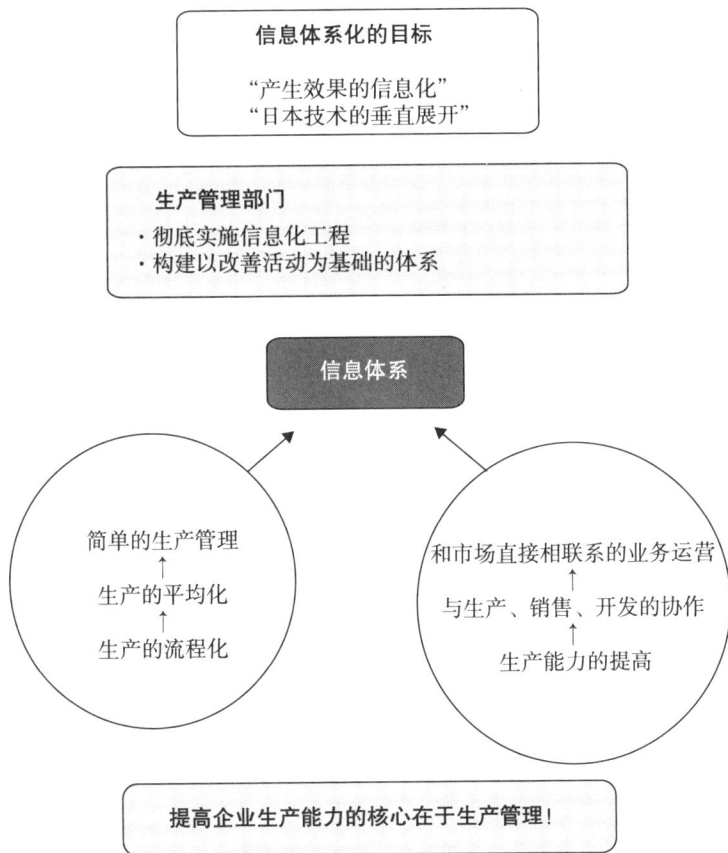

```
┌─────────────────────────────┐
│     信息体系化的目标          │
│                             │
│   "产生效果的信息化"          │
│   "日本技术的垂直展开"         │
└─────────────────────────────┘

┌─────────────────────────────┐
│   生产管理部门                │
│ ·彻底实施信息化工程           │
│ ·构建以改善活动为基础的体系    │
└─────────────────────────────┘
```

信息体系

简单的生产管理
↑
生产的平均化
↑
生产的流程化

和市场直接相联系的业务运营
↑
与生产、销售、开发的协作
↑
生产能力的提高

提高企业生产能力的核心在于生产管理！

189

4 实用型信息体系的条件

对于构建信息体系的一方和使用的另一方来说，互相商量调整必要机能是一件十分重要的事情。 若是仅构建了一个形式上的体系的话，那么就可能成为一个"用不了"或"不会用"的空架子。 以下列举的就是实用型信息体系需具备的基本条件。

◆——谁都能使用，且用上去很方便

即使不具备计算机的相关知识也能进行操作是绝对条件。 以受教育为前提的体系在实际操作中是没有任何实用性的。 此外，尽量要少操作，而且一定要考虑在出现操作失误情况下的补救措施。 由于操作失误而导致第二次出现问题的体系是不能再次使用的。

◆——及时地获取到必要信息

也就是说需要具备及时性。 打个比方说就像没有必要逐一知道所有详细的销售信息一样。 能够反映生产的信息至多是以天为单位的，一天收集一次信息就足够了。

不过，一定要清楚掌握生产滞后的信息，因为这样才有可能采取加班等瞬时对应策略。

190

◎ **理想的信息体系**

信息体系构建的基础
——在考察时机和水平的基础上作出正确判断——

〈信息化的 4 个关键点〉
（1）简单就是最好。（Simple is best！）
（2）信息量尽可能少。
（3）不要对信息进行加工，要最新鲜的。
（4）明确目的。

以构建小型生产信息体系为目标！

〈以前的生产信息体系〉
· 对现行的生产方式进行肯定
· 生产现场很脏
· 只有负责人才懂得操作的状态
· 工序被分割为几种分类
· 每个工序都需设置搁置处
· 配合生产计划进行原材料的订购
· 和生产计划的偏差很大
· 库存很多
· 生产周期很长
· 生产计划按需求来编成
· 重点放在工序管理和库存管理上

〈新型生产信息体系〉
· 是对生产现场的生产体系的革新
· 生产现场很干净
· 谁都能懂谁都能操作的状态
· 不断进行工序的改善，分工较细
· 半成品库存为零
· 现物主义的思想来进行原材料的订购
· 生产计划被平均化
· 库存很少
· 生产周期很短
· 自主编成生产计划
· 将重点放在生产计划上

◆——能够应对变化

推出新产品和在条件发生变更情况下的应对是关键。可以预计，今后这类的要求会有所增加。因此，现在需要构建的不是 100 分的体系，而是 60～80 分的体系。多多少少给体系留出一些人能调整的空间，应对变化的能力就会比较高。总而言之，构建一个能够应对变化的小型的体系才是应该努力的目标。

191

5 信息体系构建的方法

◆——意识的革新

所谓意识的改革是指在开始之初，即从现在的业务着手改变一直以来的意识。 必须要有一种构建全新体系的干劲和热情。

因此，下面所说的几种态度是必不可少的：

- 丢弃扎根于企业中的一些固定观念：
- 能够应对多品种小批量生产时代；
- 将信息体系作为业务改善的武器；
- 向理想状态努力；
- 把握时代的变化，构建立足于未来的体系；
- 总而言之先干起来，总有办法的。

◆——课题设定的三步骤

在构建信息体系的时候重要的是，了解正确的设定课题的方法。 简单的肯定现状是不行的，但若是仅盲目的追求理想状态也是不可取的。 在体系的构建时，有两个约束因素，一个是预算，另一个是交货期。 如果是一味的追求理想状态的话，那么就有可能按期交不了货。但实际情况是，大多数的企业安于现状肯定现状。

为了在有限的预算内按期交货，所以我们就得设定切实有效的三个课题，如下所示。

- "想做的事" 应有的理想状态
- "能够做的" 马上就能做的，就立刻做吧
- "应该做的" 成为交货期为止的目标

◎**体系构建的步骤**

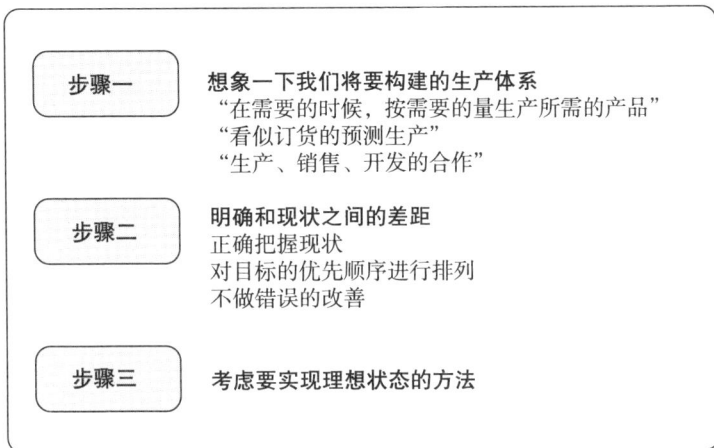

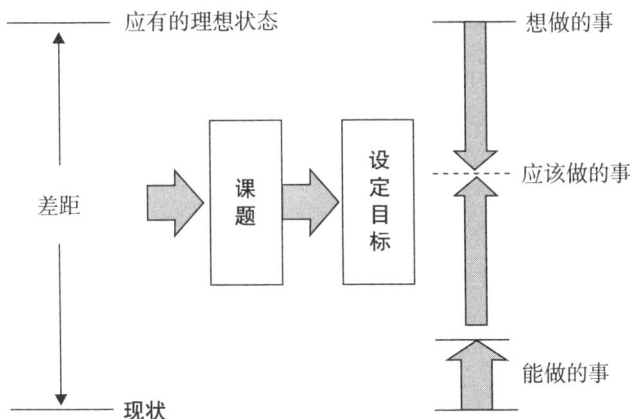

6 ERP

◆——ERP 是什么

ERP（Enterprise Resource Planning）按照语义上来解释是"有计划的运用公司全体经营资源"，其特征是一种综合性的业务软件包。 ERP 的软件供应商，其实质是在以业务再建构（Reenyineering）的想法为前提的最实用系统中，提倡各业务顺畅交接。

◎ERP的特征和引进时的关键点

ERP的主要特征

（1）不是定做衣服，而是成衣型的体系
（2）通过不同的组合来搭配整体的体系
（3）根据数据的共通性进行业务上的统合
（4）依据软件方的规格要求来变更实际操作的顺序
（5）以业务上彻底革新的导入为前提
（6）定量数据信息的网络化

ERP引进时的关键点

（1）在高层主导型中导入系统
　　　业务的革新是主要的目的。若是单单引进系统的话那么肯定会失败。
（2）业务改革目标的明确化
　　　基本来说，要明确简化业务的流通量这一具有日本特色的制造业秘诀。
（3）外部人才的运用
　　　为了达到革新业务的目的，不仅要灵活运用咨询等外部知识、外部经验，同时要求客观性的判断。
（4）正确判断自己公司所处的地位
　　　根据市场的动向和技术能力的评价来判断业务革新的方向。
（5）软件包的运用
　　　配合已被标准化的软件包，追求业务革新是ERP的基本。

◆——ERP 的优点和缺点

ERP 的优点是指，适用已在大多数企业中导入的最佳实践法（Best Practice），以求轻易实现平均化的业务运营。 这种方法也有利于应对全球化。 但是，一般而言，要实现 ERP 就需要大量的资金投入。

在实际运用中，能直接套用的软件包很少，通常是企业依照客户要求自己制作。

◆——在导入 ERP 时需要注意的地方

同导入一般的信息化系统时一样，在导入 ERP 时，需要注意，一定要把改善放在优先地位考虑。 ERP 的优点之一是依据信息系统推进业务改善，但是在日本，很多业务都凝结了负责人大量的心血，所以人们对改变业务有很大的抵触，因此有时，ERP 的优点不能得以充分发挥。

195

第九章
生产管理和其他部门之间的协作

1 生产和销售之间的协作

在大多数的企业中，制造部门和销售部门彼此之间抱有较大的不信任感。 在现如今这个希望建立和市场紧密联系的时代，这样的不信任感就很有可能成为生产的巨大瓶颈。 为了解决这一问题，来听听各自的说法吧。

◆——生产方的主张

制造部门的目的在于有效地使用人、物以及设备，按照交货期生产出质量上好的产品，但是，经常是其他部门的要求或是指示朝相反方向做事。 有时候制造部门被要求在较短时间内交货，但来自销售部门的信息却总是很慢，且变更较多。 而且，其他的相关部门根本不配合。

以上就是生产方面的说法。

生产部门的真话

- 产品的品种太多，生产能力无法得以提高
- 交货期太短了
- 销售计划的提示太晚了
- 销售计划定会出现变更
- 特急订单或是临时订货较多，应接不暇
- 品质是否比要求得要高
- 设计本身有问题
- 只要原材料都齐了，就能开展生产
- 为什么原材料的标准化无法顺利开展呢
- 不管怎样都要稳定地开展生产
- 只有生产部门在为生产能力的提高努力
- 总公司光指示却不给行动上的支援

对立
不信任感   较大

销售部门的真话

- 若是产品的种类不多的话，销售就无法开展
- 为了满足顾客们的要求，忙于应付特急订单或是临时订货，没办法
- 总是为了应付回答交货期相关事宜，所以正常的工作无法进行
- 反正希望生产部门以按期交货为前提进行生产
- 对于生产过剩的产品，不希望由销售部门承担责任
- 不管怎样，希望开展稳定的生产

◆——销售方的说法

销售部门的目的在于把握顾客的需求，然后把顾客的要求反映到销售上，获取利润。 在扩大市场较为困难的时代，开发并生产有吸引力的产品是现实要求。 但实际上，整日忙于调整交货期等异常业务，根本就进行不了正常的营业活动。

销售方的说法就是这样的。

◆——现状是几乎没什么协作

最大的问题在于彼此都没有正确把握业务内容。 虽然在开会的时候能互相打个照面，但是实际情况是制造部门对于第一线的情况几乎是毫不知情。 特别是负责人之间几乎不互相联系。

2 生产销售的协作——问题点的共有化

◆——对于现状的把握

首先，应该做的事是收集负责人的心声，即从听取第一线的负责人以及主要的领导阶层的意见开始。 在这里将大家的意见稍加整理后，再开展和制造部门、销售部门课长级别的讨论。

在讨论中，我们将重点放在明确并互相确认第一线的实际情况上面。 但绝对不允许有急于得出结论或急于取得改善效果等一系列急功近利的心态。 若是急于求成的

199

话，那么就会流于纸上谈兵的形式或是做做样子装装门面就结束了。部门之间协作时的问题，不是在于有多难，而是在于忽视了做最基本的被认为是理所当然的事情。

◎产销联合的步骤——问题点的共有化

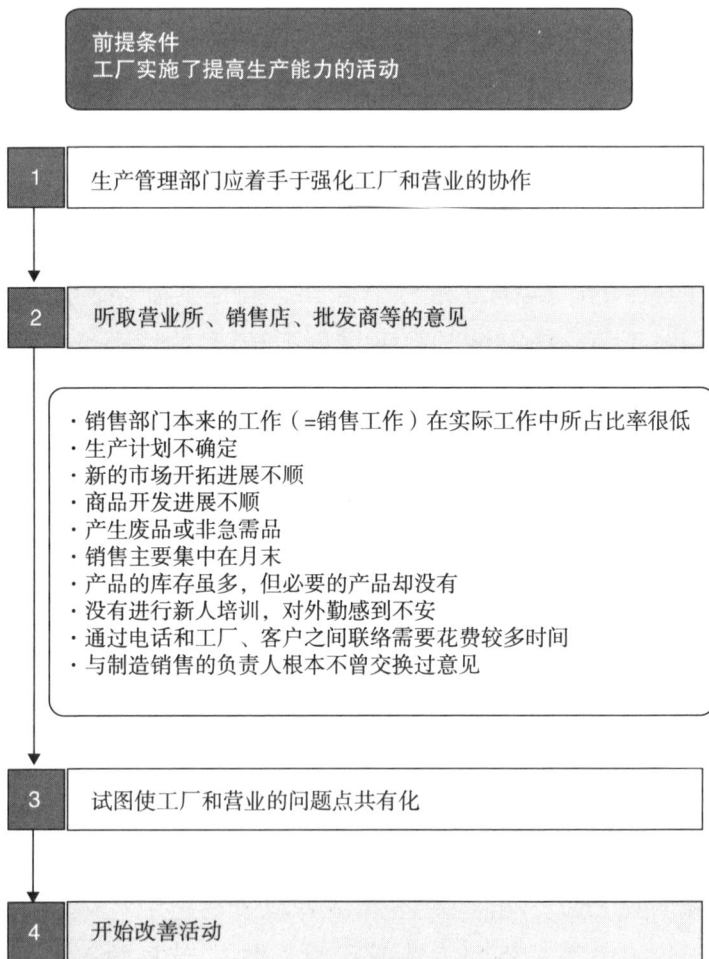

前提条件
工厂实施了提高生产能力的活动

1 生产管理部门应着手于强化工厂和营业的协作

2 听取营业所、销售店、批发商等的意见

· 销售部门本来的工作（=销售工作）在实际工作中所占比率很低
· 生产计划不确定
· 新的市场开拓进展不顺
· 商品开发进展不顺
· 产生废品或非急需品
· 销售主要集中在月末
· 产品的库存虽多，但必要的产品却没有
· 没有进行新人培训，对外勤感到不安
· 通过电话和工厂、客户之间联络需要花费较多时间
· 与制造销售的负责人根本不曾交换过意见

3 试图使工厂和营业的问题点共有化

4 开始改善活动

200

◆——问题点的共有化

接下来，我们来整理一下在生产销售过程中共同提出的课题。 通常情况下，问题主要集中于生产信息传达机能的缺乏。 这就意味着每个部门单独追求利润（部分最适）的结果是互相关联的机能变得越来越薄弱。 同时，这也可称为是生产管理机能方面的问题。

以前的做法是通过销售部门递上来的销售计划或生产计划，信息是呈单向流动的。 而且，接受这些信息的制造部门也出现了种种问题。 为了解决这类问题，就不得不履行一些繁琐的手续。 这就是现状。

在要求速度的时代，以这样的分工操作来应对本身就是一种问题。 而销售、生产部门都具有这种问题意识才是关键。

3 产销联合——改善活动的实践

◆——活动成果是销售的提升以及利润的增加

生产部门和销售部门间协作的成果，必须要体现在销售额的提高和利润的增加上。 若是改善的结果仅仅要求所有的业务比现在运行的更为平稳的话，那么开展改善活动就没有任何意义了。

为此首先销售部门要集中精力于其本来的业务，而不是成天忙于一些善后工作，需将全部精力投入到原本的营业活动中去。

◆——重新研究业务间的区划

如果把调整业务的工作放在销售和工厂进行的话，可以说是白费工夫。因此，我们就应该研究一下把在销售部门进行的生产调整业务移交到工厂。此外，也存在像废除总公司业务部门等组织的问题，还有，特别销售信息体系的建立和制造业 POS 等的体系的确立也是我们所面临的课题。

所以，为了解决这些问题，就有必要改善一下工厂的生产方式。其中，生产的流程化和生产的平均化就是改善的典型代表。除此之外，还有必要重新研究一下生产管理机能。根据生产销售区分的变化，我们就不得不开始研究新的生产管理业务模式。

◆——活动目标的设定

不用多说，生产的最终目的就是赚钱。为了实现这一最终目的，我们可以设定一些指标，如销售部门中本来业务比率的提高和有效访问件数的增加等。在生产部门中，通过流程化和平均化手段，缩短生产周期等指标。

◎产销联合的改善

```
╭─────────────────────────╮
│    产销联合活动的开始    │
╰─────────────────────────╯
```

· 产销合同讨论会的实施
· 各部门各个职场的改善活动

```
╭─────────────────────────╮
│    调整业务的移交    │
╰─────────────────────────╯
```

◎原则是销售→工厂
　　· 使销售第一线的信息直达工厂
　　· 将交货期咨询职能转移至工厂实现一元化

```
╭─────────────────────────╮
│    活动目标的设定    │
╰─────────────────────────╯
```

◎销售部门

　　销售额的提升 利润的增加

　　　　↑

```
╭─────────────────────────────────────╮
│ 销售工作率的提升                     │
│ 离席率的提升、外勤次数增加           │
│ 来访件数的增加                       │
│ 重点开拓课题的抽出和日程管理         │
╰─────────────────────────────────────╯
```

◎生产部门

　　生产力提升

　　　　↑

```
╭─────────────────────────────────────╮
│ 生产周期的短缩                       │
│ 新产品的垂直投产                     │
╰─────────────────────────────────────╯
```

203

4 产销联合——成功的关键

◆——要点是交货期咨询机能

在重新研究生产和销售部门的区别时，交货期咨询机能成为焦点的课题。 具体来说，就是顾客提出的咨询交货期问题由哪个部门来负责。

以前一般的做法是，顾客向营业部门提出交货期咨询的要求，然后通过营业部门再向工厂提出查询要求。而在这期间，总公司和生产管理部门也会参与其中。

从结论来说，最为理想的是顾客和制造的现场能够直接取得联系。 我们需要考虑的是能否把当事人联系到一起。

按照以前的模式，对于顾客来说营业部门是唯一的窗口。 但是，为了今后更加正确且迅速地回答顾客咨询的问题，构建一套能使消费的第一线和生产的第一线直接交流的体系就变得十分重要了。

造生产资料的企业为例，从工厂的制造现场和交易方的窗口之间的直接信息交换着手，仅用三个月就取得了成功。

◆——生产管理部门的作用

在这样的情况下，生产管理部门起的是支援产销联合的作用。 但最终将绕过生产管理部门而进行信息的交

204

换。 但是，我希望大家不要怀着工作没了的心态去工作，而是要以工作变得更为简单轻松的姿态投入到产销联合中去。

在将来，我们有必要考虑将交货期咨询的机能作为日常性生产管理机能转移至生产现场。

◎产销联合的关键点

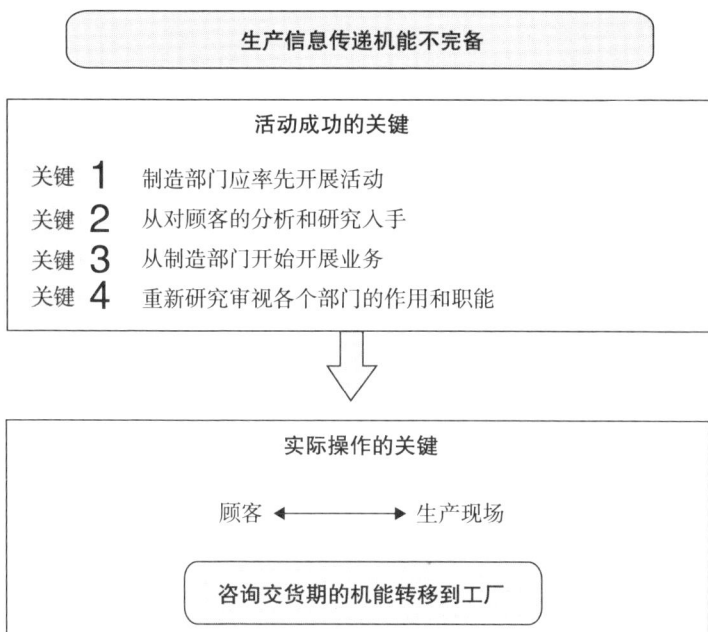

生产信息传递机能不完备

活动成功的关键

关键 **1** 制造部门应率先开展活动

关键 **2** 从对顾客的分析和研究入手

关键 **3** 从制造部门开始开展业务

关键 **4** 重新研究审视各个部门的作用和职能

实际操作的关键

顾客 ◆━━━━━━▶ 生产现场

咨询交货期的机能转移到工厂

5 交货期咨询的机能

要想实现销售额的提高和销售的扩大，最大的课题是能否完全按照顾客的要求来开展生产。

◆——掌握生产能力的要点

能否在变换莫测的商界把握住千载难逢的商机已经成为企业生存的关键。 为了把握住商机，能否按照交货期交货就十分重要了。

做到这点的关键就是生产能力的把握。 具体来说，就是工厂内成为瓶颈工序的生产能力和重点原材料的采购调配能力。 但是，由于顾客需求的动向和市场的动向等环境的变化较大，要想及时且正确地把握住生产能力就变得非常困难了。

◆——ATP（Available To Promise）

这是指对照计划执行交货期咨询的机能。 相关人员根据信息体系来判断能否按照交货日期出货，若是赶不上交货期的话又将怎么办，这些将成为今后营业活动的核心。

◆——CTP（Capable To Promise）

这是指针对顾客的订单，在考虑原材料和生产能力等基础上算出预计的交货日期和交货数量的机能。 是对客户要求能否满足的回答。

若是说 ATP 是防守的机能，那么 CTP 就是进攻的机能。 为了让销售部门投入更大的精力，CTP 就是最强有力的方法。

◎ATP（可承诺量）和CTP（能承诺量）

ATP

月日	1	2	3	4	5	6	7	8
生产量	0	0	0	0	500	500	0	0

顾客：交货期为8号的产品A 生产1 000个可以吗？

回答：5号、6号生产，7号出货，所以能够赶上8号的交货期。

CTP

顾客：下个月20号前想买入5000个产品B……

研究内容：
·能纳入下个月的生产计划吗？
·成为约束的设备有这样的生产能力吗？

瓶颈工序生产计划

9	10	11	12	13	14	15	16
1 000	1 000	1 000	1 000	1 000	1 000	1 000	1 000

可以担保5000个→15号组装、18号出货

原材料能够吗？

重点原材料C的进货计划

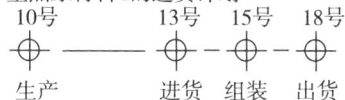

10号 13号 15号 18号
生产 进货 组装 出货

综合判断 OK

207

6 生产和开发的联合

◆——生产方的说法

上市时间明明决定好了，但是开发方面却跟不上来的情况经常发生。 但是，若是为了一味地赶交货期的话，就会对生产部门带来不良的影响。 而且，有时开发出来的商品净是难以生产的产品，品质也不稳定，可操作性也不强。 而且，最近在原材料采购上也出现了一些问题。 有时采购部门甚至特意设定一个比较难采购的原材料。

◆——开发方的说法

好不容易开发出来的新产品，却无法顺利地投产导致错过商机，这种情况是不是比较常见呢？ 而且，生产和试验部门也不肯配合。 这是因为一般情况下都是优先生产的缘故。 另一方面，虽然嘴上说把开发最畅销的商品放在第一位，但事实上做的却和说的完全两样。

◆——生产准备、日程管理的实施步骤

为了顺利地投入新产品的生产，从开发阶段开始到生产准备期间的基本日程计划的立案，以及进度管理都是十分有效的方法。 实际上，需要以生产管理部门为首，各个部门共同设定整体日程表。 在这种情况下，从

宣告产品发售的时期开始以倒推的方式来研究日程就显得尤为重要了。

◎基本日程计划和主要的会议

通过会议来开展生产和开发的联合

基本日程计划

基本构想	决定开发	试制设计图	设计试制	正规设计图	工厂试制	生产试制	进入批量生产
新产品的展开◎							
制造计划的研讨◎							
		委托加工的展开◎					
				开展试制◎	◎		
				状况的确认◎	◎		

（1）新产品投产会议
　　·按照从开发部门到工厂部门的模式来公开发表意见。
（2）制造计划检讨会议
　　·新产品投产会议开过之后，作为生产部门应该研讨如何来开展
　　　生产会议。
（3）开展委托加工的会议
　　·商量委托加工如何开展新产品的会议。
（4）开展试制会议
　　·在试制之前，在各个相关部门开展试制的内容，彻底弄清楚
　　　各个部门应起的作用和职责。
（5）生产准备状况的确认会议
　　·以生产准备状况的确认、跨部门间困难事项的调整、是否可以
　　　进行批量的判断为目的召开的会议。

此外，在开展日程的进度管理时，将工序划分为若干个阶段来进行则是成功的关键。 在此基础上，再按照预先决定的会议内容为中心来进行状况的确认和两难事项的调整。

7 开展试制的步骤

◆——生产管理部门的职责

要想试制圆满顺利地进行，那么就必须明确参与到其中的各个部门的职责。 每个部门所承担的职责，不应该是被动赋予的，而是应该从对新产品积极的参与的姿态中所孕育出来的。

而统筹这些职能的就属生产管理部门了。

◆——制造部门的职责

制造部门是试制阶段的主角，也是通过新产品来增加利润、顺利实现低成本生产的关键。 具体来说，有熟悉操作、批量生产的准备以及操作能力的改善等主要的职责。

通过批量生产积累起来的经验，即使在改变新产品的情况下也经常起到重要的作用。 在设计图和会议上所获得的以上的效果正是通过制造部门的参与才得以产生。

210

◎统筹三个部门的生产管理部门

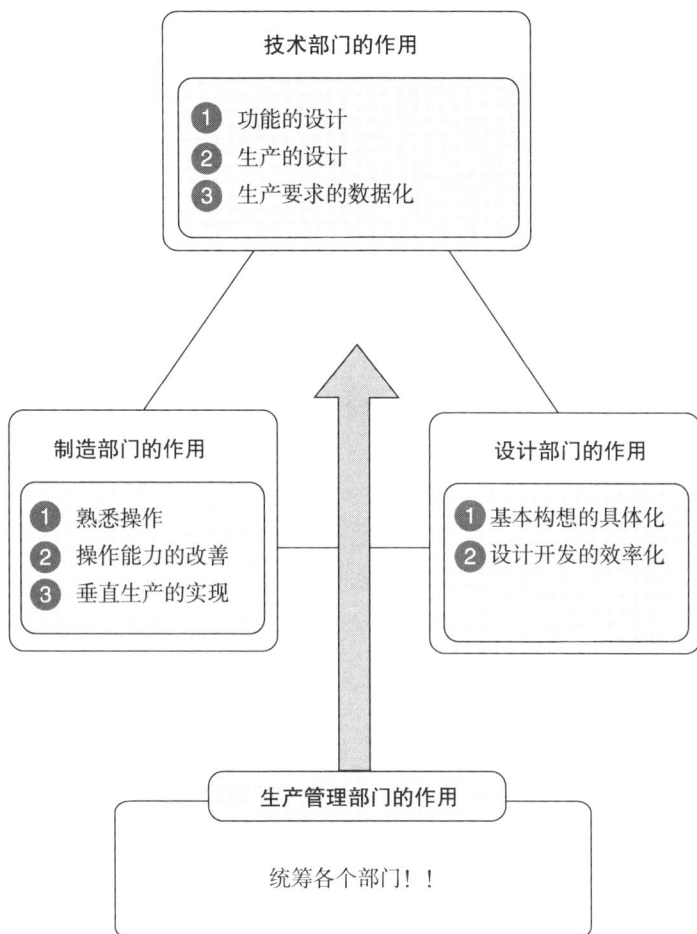

技术部门的作用

1 功能的设计
2 生产的设计
3 生产要求的数据化

制造部门的作用

1 熟悉操作
2 操作能力的改善
3 垂直生产的实现

设计部门的作用

1 基本构想的具体化
2 设计开发的效率化

生产管理部门的作用

统筹各个部门！！

◆——技术部门的职责

技术部门的职责被看作生产和开发联合的核心。 特

211

别是具备了操作性的生产设计，在现如今这个要求速度和变化的时代被认为是不可或缺的。

◆──设计部门的职责

灵活运用试制这个工序，是为了实现更加有效的设计。 要将以前的那种由工厂指出问题点后再解决的被动的姿态，变成在工厂的配合下提早制定预案的积极主动的姿态是关键。

8 新产品投产时的生产计划

生产新产品，当然比生产现有的产品所花的工时要多。 另一方面，在新产品投产的时候，为了配合发售的日期就必须要有一定数量的产品。 因此，利用启动系数曲线来制定实际的生产计划就凸显其重要性了。

◆──启动系数曲线

启动系数曲线是在参考经验值的基础上制定的。 一般情况下，熟练程度用指数函数来表示，即用两对数图来表示。 通过这个曲线图先计算出新产品从开始生产到可以用标准时间操作为止所需的倍率，再将结果反映到生产计划中去。

◎新产品投产时的研究、调整项目

新产品投产时的曲线图

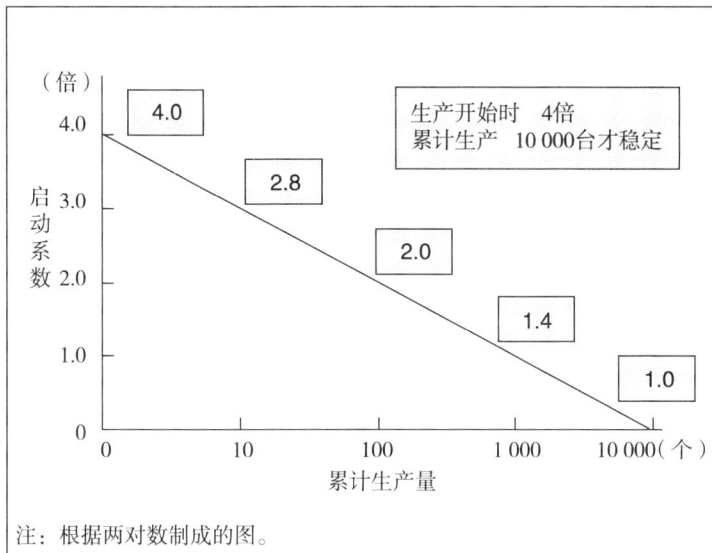

（倍）

生产开始时　4倍
累计生产　10 000台才稳定

4.0

2.8

2.0

1.4

1.0

启动系数

4.0
3.0
2.0
1.0
0

0　　10　　100　　1 000　　10 000（个）

累计生产量

注：根据两对数制成的图。

提前研究的项目

· 精工计划的制定
· 包含试制、操作熟练工时
· 批量生产开始时的品质保证体制

事后调整项目

· 加班、休息、外出等可能性的检讨
· 应对委托加工的检讨

◆——生产计划立案的要点

在制定计划时有一个铁定的原则就是得让计划具有灵活可变性。 作为提前应该研究的项目，其中就有一项是

213

要预测由于新产品的投产导致的生产能力的降低，以及为此提前准备所需的工时。 将此预测的结果反映到所要的人员数目和出勤制度上来，并以此来制定生产计划。

作为事后调整，就得预想新产品在投产时可能发生的状况，并针对可能发生的情况预先提出应对的办法。像加班、休息日加班甚至委托加工等都是比较有效的对应策略。

◆——录用计划

通常，出现人手不足的时候一般都是在新产品投产的月份。 虽说会产生一些浪费，但即使在急需人手的月份录用新人的话，这些人也是不能马上上岗的。 而且不仅不能马上上岗解决人手不够的矛盾，为了培训新人，还得抽调一部分人去进行培训。 所以，应该制定一个把这些情况都考虑在内的录用计划并很好地实施，才能真正地缓解上述可能出现的人手不足的问题。

9 并行工程（Concurrent Engineering）

并行工程（Concurrent Engineering，简称 CE），是由美国在 20 世纪 80 年代中期提出来的，它主要是对产品的生产和开发等相关过程进行并行、集成化处理的系统方法和综合技术，一经提出就受到了各界的瞩目。 在日本的汽车产业中，这个方法从新车的开发到试制、再到投产等一系列业务中都有体现。

◆——CE 是什么

所谓 CE 是指从产品设计到产品制造，通过并行系统程序的方法，大幅度地缩短产品的开发周期的技术。

◆——目标是缩短开发周期的 CE

企业间的竞争，由于在技术上的优越性的差距变小，所以如何及时地把新产品投放到市场中去就成了决胜的关键。因此，在还没有导入 CE 技术的企业中，即使有好的产品企划和开发，也无法在激烈的市场竞争中取胜。

◆——以"与生俱来的成本降低"为目标的 CE

最近，由于产品寿命的变短，通过在新产品投产后实施生产能力的提高等降低生产成本的方法，几乎可以说没有什么效果。因此，我们希望的不是"后天培养的成本降低"而是"与生俱来的成本降低"、进一步分析一下决定产品成本的要素，我们可以得到商品的成本百分之八十决定在商品的企划阶段、百分之九十五决定于设计阶段这样一份报告。反过来，如果设计发生变更的话，那么相对于企划阶段，随之产生的费用则根据不同的阶段呈现不同倍数的增长。具体为设计阶段是 10 倍、试制阶段是 100 倍、批量生产阶段是 1000 倍这样一个梯度。

通过这个例子我们可以发现尽可能地集中在较早的

阶段进行研讨分析是何等的重要。

◎并行工程的含义和导入条件

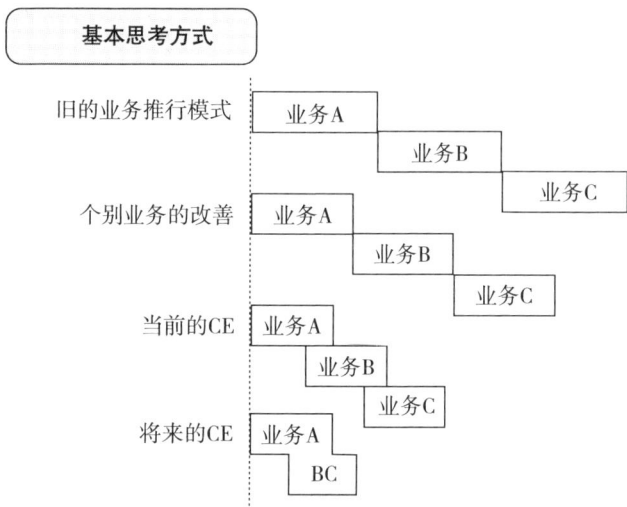

基本思考方式

| 旧的业务推行模式 | 业务A |
| 业务B |
| 业务C |

| 个别业务的改善 | 业务A |
| 业务B |
| 业务C |

| 当前的CE | 业务A |
| 业务B |
| 业务C |

| 将来的CE | 业务A |
| BC |

具体导入时的成功要点

· 业务的并行化从下游开始
· 从制造部门开始按照顺序进行业务的重叠

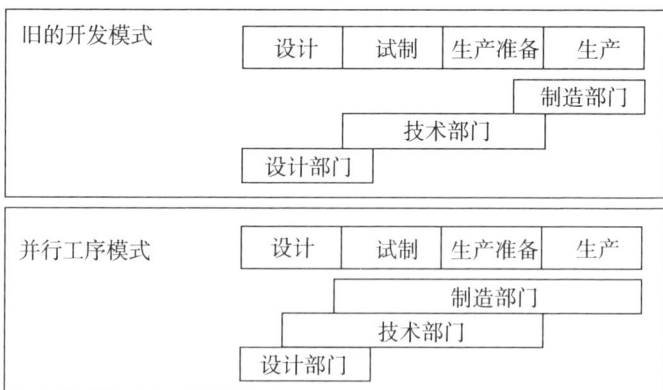

旧的开发模式

设计	试制	生产准备	生产
			制造部门
	技术部门	
设计部门		

并行工序模式

设计	试制	生产准备	生产
		制造部门	
	技术部门	
设计部门		

第十章
供应链管理

1 供应链管理是什么

所谓供应链管理是指，从供应商、制造商、物流再通过零售商最终到消费者，即以从上游到下游的最大范围为对象，以全体最适用为目标的管理方法，又略称为SCM（Supply Chain Management）。

◆——SCM 的必要性在何处

以前的管理旨在提高分工化以后的效率问题，追求的是个别的最佳。 而且企业的管理以及活动都是以科室为单位或是以部门为单位来开展的。 这样的做法在大量生产同样产品也能卖出去的产品导向型时代是十分有效的。 但是，在现今这个市场导向型时代中，企业的活动成果和企业的业绩出现了断层，不再有任何直接的联系了。 也就是说个别最佳不再等于全体最佳了。

◎供应链管理产生的背景

• 真正的市场导向型时代的到来
• 消费者才是主角！

是否符合现在价值？
有魅力的商品是什么？
是不是真的想买？

不是站在企业的立场，而是
应该站在消费者的立场来考虑！

●通过SCM来改变目光吧！

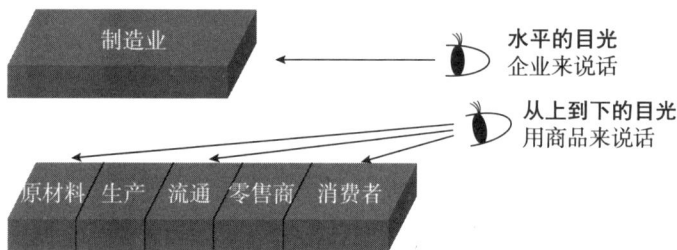

制造业

水平的目光
企业来说话

从上到下的目光
用商品来说话

原材料 | 生产 | 流通 | 零售商 | 消费者

●SCM位于日本型生产体系的延长线上。

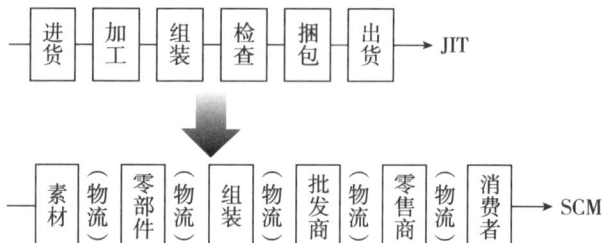

进货 → 加工 → 组装 → 检查 → 捆包 → 出货 → JIT

素材 →（物流）→ 零部件 →（物流）→ 组装 →（物流）→ 批发商 →（物流）→ 零售商 →（物流）→ 消费者 → SCM

因此，就产生了以企业全体为对象进行统一管理和改善的想法。准时制（Just In Time，JIT）生产等管理模式也是建立在这样的想法基础之上的。但是，在时代的变化变得更为激烈的现在，仅仅以企业内部为对象来进行改善活动的话，也已经远远不能满足时代的要求了。

例如，在组装型制造业中，即使生产出来的产品顺利地出货并且有了一定销售额，但若在流通阶段被延误的话，畅销商品就会发生变化，在下一次的生产机会中出货量就会锐减。

总而言之，若不是真正的以消费者的需求为基础进行销售的话，那么用长远的眼光来看是不能达到赚钱目的的。因此，超越个别企业的界限，对所有与商品相关的企业开展从上游到下游的改善活动就势在必行了。

2 对 SCM 的正确理解

◆——SCM 的地位

经常能看见误解 SCM 的例子。下面就举个例子来说说。

"SCM 是符合时代要求的管理方法，所以只要引进这种方法，企业就能成功运营。"

这就是比较典型的对 SCM 误解的例子。那么为什么错了呢？

其实错就错在 SCM 是一种理念而不是一种管理方法。 说得明白点，"SCM 是一种消费者所追求的状态"或许这种解释最为恰当吧。

◆──SCM 和 IT 的关系

再来看一个例子。 "实现 SCM 主要靠 IT（计算机）"这种想法也是错的。

应该把上述说法颠倒过来才对。 也就是说"在 IT 时代，SCM 的实现是时代的要求，是势在必行的"。 这才是正确的。 总而言之，在消除了距离和时间障碍的 IT 时代里，超越企业的局限，快速地应对商品供给和变化是势在必行的。

的确，要实现 SCM 就必须用到 IT 的技术，但是 SCM 的实现主要是靠 IT 的理解却是不正确的。

◆──SCM 的表面和反面

据说即使在 SCM 的实施比较先进的美国，SCM 的成功事例也比较少。 为什么适应了时代所需的 SCM 却难以成功呢？

这是因为 SCM 是超越企业范围而开展的改善活动。在实现 SCM 成功的同时各个企业都会重视确保自己公司利益，这是理所当然的事情，无可厚非。 但结果却出现了，活动过程中若碰到有损害或是不符合自己公司利益

220

的业务时，就会推给其他的公司来进行这种情况。 表面上来看，按照从上游到下游的顺序来进行的话就可以达到全体最佳，但是实际操作中却奉行的是个别最佳的原则。

◎供应链管理的理念转换

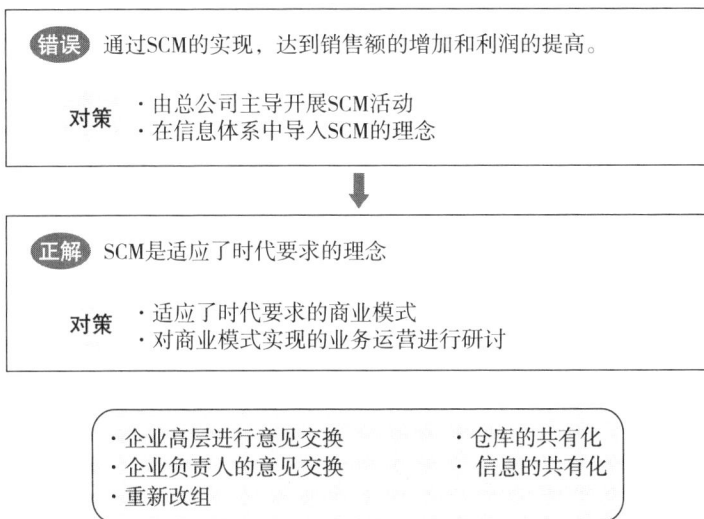

错误 通过SCM的实现，达到销售额的增加和利润的提高。

对策
·由总公司主导开展SCM活动
·在信息体系中导入SCM的理念

正解 SCM是适应了时代要求的理念

对策
·适应了时代要求的商业模式
·对商业模式实现的业务运营进行研讨

·企业高层进行意见交换　　·仓库的共有化
·企业负责人的意见交换　　·信息的共有化
·重新改组

　　因此，在 SCM 的实际操作中，就有必要在各个企业高层领导中设置确保全体最适合的步骤及据此确认业绩改善的步骤。 话虽如此，但是现实中，由于每个商品的SCM 的对象不同，要想达到认识的共有化却不是一件易事。

　　但话又说回来，SCM 是"消费者所追求的状态"也是时代的要求，所以今后 SCM 的理念还是不可或缺的。

221

因此为了实现 SCM，有必要重新审视和定位各个企业的职责分担。

3 实现 SCM 的要点

◆——工序连接的改善

笔者在实际的企业指导过程中发现，能取得较大成果的改善事例，与其说是因为在生产现场和销售部门进行改善，不如说是部门间连接的改善在增加。 与之相反，部门之间的协作不能顺利进行的话，就会产生大的浪费。

被称为点的改善和线的改善的想法，表示的正是公司内的改善存在着局限性。 因此，生产管理业务将更加受到关注。

生产管理就成了实现高效率部门合作的关键。 在工序连接改善方面，通过判断业务的可行性以及重新审视各部门的机能，来构建新的合作方法就成了重点了。

◆——扩大化的改善

以前盛行以车间为单位的改善活动，虽说时代变了，但也不是说没有这个必要了。 必须要将以车间为单位的改善贯彻到底。 如果以车间为单位的改善活动进行到某种程度的话，就可以扩大到部门内的改善以及工厂内的改善。 若是工厂内改善活动得以继续进行的话，就可以展开销售、开发甚至包括总公司在内的企业整体的改善活动了。

◎工序连接的改善， 扩大化的改善

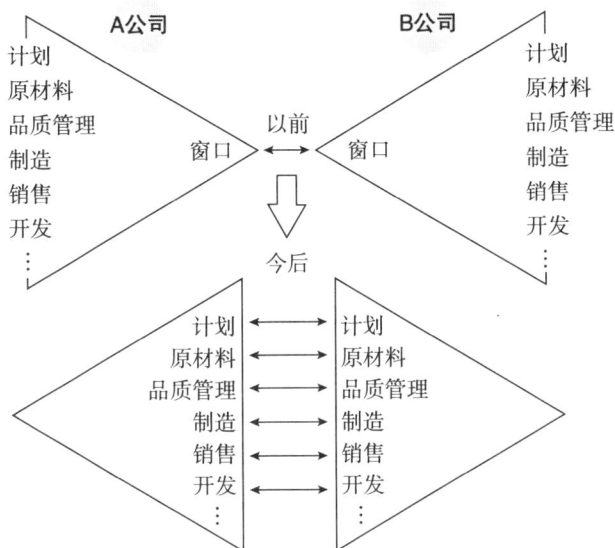

A公司　　　　　　　B公司

计划
原材料
品质管理　　以前
制造　　窗口　　窗口
销售
开发
⋮

今后

计划 ⟷ 计划
原材料 ⟷ 原材料
品质管理 ⟷ 品质管理
制造 ⟷ 制造
销售 ⟷ 销售
开发 ⟷ 开发
⋮ ⋮

要点
不是通过窗口的人员，而是负责人直接联系=工序连接的改善

●扩大的改善 ── 制造→公司→SCM

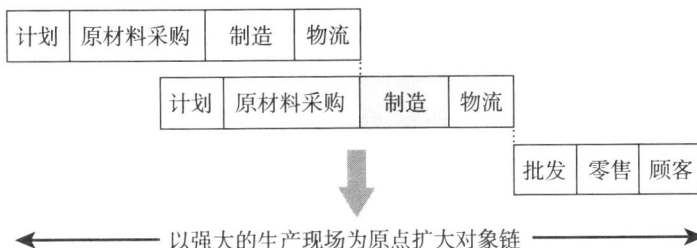

| 计划 | 原材料采购 | 制造 | 物流 |

| 计划 | 原材料采购 | 制造 | 物流 |

| 批发 | 零售 | 顾客 |

← 以强大的生产现场为原点扩大对象链 →

223

4 SCM 的效果

◆——快速时代的应对之策

技术的进步和全球化等环境的变化，强烈地动摇了制造业。 信息的革新更加加剧了对制造业的冲击，畅销商品在转瞬之间就可能会有断货的危险。 但同时，产品的寿命变得更短，畅销商品有时不到一年就被市场所遗忘，这样的事情也是屡见不鲜。

在这样的时代里，制造业若是不尽可能地和市场直接联系起来开展企业运营的话，就可能出现错失商机或是生产过量导致不良库存的产生。

要在如此艰难的时代中存活下来就必须靠 SCM 了。但正如前面所说的那样，SCM 不是一种方法，而是一种理念，一种想法。

◆——新的商业模式

在实施 SCM 的时候，制造业到底起的是什么样的作用呢？ "只要生产出好东西就能卖得出去"、"只要抓住好的时机投放新产品的话就能卖得出去"、"只要有过硬的技术就能胜出"，像这样以制造业为中心的想法，已经落后于时代，不能再赚钱了。

以重点的原材料为例，由于是在世界范围内的竞争，所以经常会出现买入困难的现象。 这已经不再是简单的制造技术和产品开发能力的问题了。 能否构建一个

224

考虑了新的条件的综合战略已经成为决定胜负的关键。

最近经常说到的"商业模式"是指，企业应该在怎样的战略指导下才能获得利润的问题。

总而言之，像以前那样以制造业为核心的商业模式已经不可以，如何才能构建一个流通、零售等相关企业都协作的体制才是取胜的关键所在。

在这个问题上，要点就是对于合作的企业能提供一个怎样的条件。 比方说，从市场来看，要求的是具备能够瞬时应对市场需求变动的能力，而另一方面从原材料供应商看来，要求的是稳定生产和正确的预见能力。

为了具备以上所陈述的能力，就得根据在前面几章中提到的各种方法来强化生产管理。 这才是重中之重。

◎SCM的最终形态是什么？

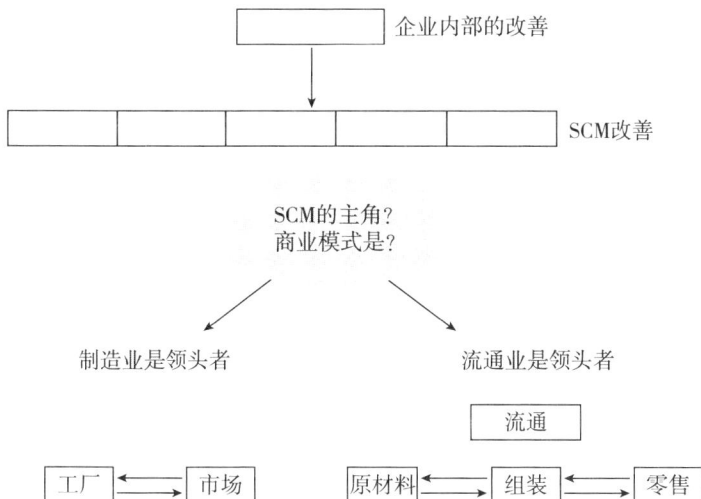

企业内部的改善

SCM改善

SCM的主角？
商业模式是？

制造业是领头者　　　　流通业是领头者

流通

工厂 ⇄ 市场　　　原材料 ⇄ 组装 ⇄ 零售

225

第十一章
TOC（约束理论）

1 TOC 是什么

TOC（Theory Of Constraints）是由物理学家高德拉特博士（Eliyahu M. Goldratt）所创立的。 其内容概括起来，可以说是"集中力量来改善阻碍企业达成目的的方法"。

即使是在美国的生产管理学协会，TOC 作为要改变盛行的 MRP 理论也备受瞩目。

◆——TOC 和日本型生产体系

TOC 可以说是在充分研究日本型技术优势的基础上发展起来的理论。 同其最为接近的理论是 JIT 准时制生产方式。

◎ TOC和日本型生产体系

生产体系的发展和TOC

1956 ~ 1960	美国制造业最兴盛的时期	批量生产的时代
1970 ~ 1980	日本制造业最兴盛的时期	TQC、JIT
1990 ~	美国制造业的复活时期	创造性、TOC

TOC和日本型生产体系

TOC	日本型生产体系
· 以供应链为对象 · 以瓶颈为对象的重点改善 · 短时间内提高实际效率 · 重视和经营指标的直接联系 · 进步性活动 · 现状和理想的融合	· 以生产现场为中心 · 以全体工序为对象的企业，生产能力的改善活动 · 从思想教育开始到全员参加 · 排除隐蔽的浪费 · 革新性活动 · 追求理想的姿态

日本型生产体系也有局限性

活用日本型生产体系的普遍性

日本型生产体系的新开展

◆——基础是常识

笔者认为 TOC 的基础在于常识。 不拘泥于所属的组织或是一直以来就已经决定的企业规范，而是运用一般性的常识来开展营利性活动。 正是因为变化时代的来临，以常识为中心的想法就更加浅显易懂，更加便于操作。

◆——要求具备的两个理念

在 TOC 中需要具备经营理念和改善理念。 TOC 的主张不仅仅是简单的改善指标，"以赚钱、以盈利为目的"、"将理解的马上运用于实践"这样的姿态才是最重要的。

2 TOC 的基础

TOC 具有非常浅显易懂的优点，同时，还是非常有效的管理工具。 这是因为其背后的支持理论是一种极为简单的想法。 只要根据这三个关键词继续下去，就可快速地开展活动。

◆——赚钱

在 TOC 中将企业的目的明确定义为"持续性的盈利"。

现实中，很多以指标改善为目标的活动中，成果没有直接反映到经营数字上，与此问题相对，由于 TOC 在一开始就意识到了企业活动是以赚钱为目的，所以就不会产生上述问题。

229

◆——约束条件

若以盈利为目的的话，那么就会出现一些阻碍目的达成的问题。 这些问题在 TOC 中被称为约束条件。 也就是指瓶颈工序和重点课题。

所以我们得找出这些约束条件，并加以彻底的解决。 说到解决的方法，我们可以通过整理目的和手段的关系为重点，迅速地对成果进行掌握。

◎TOC的三个要点

集中改善阻碍企业实现目的的约束条件的方法

在理解了三个要点的基础上才能够实践TOC！

要点1　企业的目的

赚钱

● 以前的活动是以生产能力的提高、生产周期的缩短、设备工作效率的提高、品质提高等为目的。

要点2　约束条件

瓶颈工序和重点课题的解决就成为关键了

● 在广义上，浅层的活动，是产生不了真正的成果的。我们要迅速实现"赚钱"这个目的。

要点3　集中改善

集中于人力资源

● 过于分层化的组织是最适合个别最佳的体制。不符合时代的组织，就成为了阻碍改善活动的原因。

230

◆——集中资源

要想迅速解决约束条件，关键在于集中资源。 而这里所说的资源通常指的是人力资源，简而言之就是"即使无视组织也要集中解决约束条件"。 这就要重新激活由于分工化而形式化了的业务运营。

3 产出管理（Throughput Management）

◆——实用型管理会计

管理会计是做经济性决策时使用的方法。 虽说知道管理会计和学习管理会计的人不少，但是真正将其运用到实际生产中的例子却很少见。 究其原因有二。 第一，是由于管理会计的实际操作比较繁琐；第二，大部分企业都是以财务会计为中心而进行业务上的运营的。

其结果导致根本进行不了经济性决策，甚至有的时候会作出错误的判断。

在这样的状况下，若是接触一下 TOC 产出会计（Throughput Accounting）的话，你就会明白这是一种操作性较为简单的方法。

◆——盈利的三个步骤

要实现盈利，在 TOC 中，提倡按照以下三个步骤来行动。 ①产出的提高；②库存的削减；③固定费用的降低。

231

TOC产出会计的理念 — 管理会计的基础

- 用一把锁的强度来比喻企业的强弱度。
- 考虑锁的强度问题则是产出会计的职责。
- 产出会计要尽量使它向全体最佳这个目标靠近。

产出=锁的强度
部分最佳的总和 ≠ 全体最佳

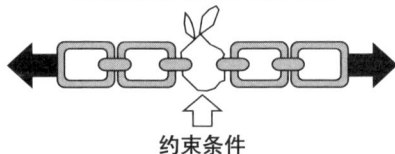

约束条件

算出阻碍企业目的达成的因素
开展以全体最佳为目的的改善活动

以前会计的想法 — 财务会计的基础

- 将适应于部分最佳的活动，想办法使之适应于整体达到全体最佳的效果。
- 将个别指标的改善和企业的收益直接关联。
- 考虑的不是锁的强度，而是把锁分解成部分再来称其重量。

成本的世界=锁的重量
部分最佳的总和=全体最佳

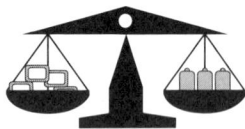

只要改善各个部门、工序、产品的个别性指标，就可以
达到改善企业整体的收益能力的目的。生产效率、改善
工作时间率、标准成本……

232

◎产出管理（2）

实现Make Money的活动顺序

————产出会计实践的步骤————

1. 经营企业的目的在于赚钱。

   持续的盈利。

2. 为了要赚钱，就有必要获得超出固定支出的那部分利润。
   （经费：人工费、诸种经费……）

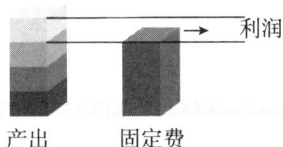

产出　　固定费　　利润

3. 盈利活动始于对"人手不足状态"还是"人手富余
   状态"的判断。

   人手不足状态　　需要＞供给
   人手富余状态　　需要＜供给

4. 在"人手不足状态"时候，就是生产能力的问题，需
   要通过集中改善约束条件，来减少机会的损失，以期
   增加产出。

5. 在"人手富余状态"的时候，就是经济能力的问题。
   需要通过劳务费归零以及激活沉没成本化的设备，来
   增加产出。

6. 作为结果来说，人手不足的状态→解除约束条件→
   （产出的增加）→人手富余状态→产出的增加→人
   手不足的状态→……反复

233

7. 在这样的情况下，产出定义为"销售额——原材料费"。

8. 接下来，活用生产方式改善法，以达到改善盘活的目的。

依据JIT思想，实现快速生产→消除活用了短交货期的市场制约条件

9. 为解除约束条件在进行设备投资的时候，根据资金流动，增加判断经济性这一步骤。

10. 进一步，追求固定支出的人工费和诸种经费的降低。

11. 追求利润的手段：
  （1）产出的增加：无上限
  （2）削减库存：不要降到零以下
  （3）固定费用的降低：不要降到零以下
按照从上到下的顺序来进行。

"管理手段"→"政策决定手段"

12. 总而言之，产出会计就是尽可能用最简单的方法来实现企业盈利。

POINT:

有没有逃避成本管理?
让我们时刻不忘赚钱这一目的来开展工作吧!

　　这里所说的产出是指销售额减去原材料费用。 那么，这样的话若想提高产出就得提高销售额，并且降低

原材料费用。 在实际操作中，若以这三个步骤为原则来指导实践的话，就能迅速且准确地进行经营方面的决策了。

如果在决策问题上稍有迟疑或是过于着急的话，可能最终导致错误的决策，其效果就会有天壤之别了。

能否按照上述的顺序熟练地运用产出管理就成为了企业业绩提高的关键了。

4 根据产出进行现金流量管理

◆——从过去会计到将来会计

以预算管理的代表财务会计为基础的方法，实际上是将实际业绩和预算相对比来进行管理改善的方法。 这就是以前会计的做法。 但是，随着市场变化的激烈化，若是再去分析以前的数据就已经没有任何意义了。 即使是上一年年末制定的预算，有时候仅用了两个月，就有可能进行不下去。

此时，重要的不是分析过去的数据，而是要亲自对未来进行预测，并制定一定的对策。 具体来说，就是建立一个判断机制，即针对未来三个月或半年该如何进行经营，一线管理者对现在已掌握的信息进行定量化判断的机制。

235

◎根据产出会计来进行的资金流动管理

目标

1.从过去成本到将来成本

2.从财务会计中脱离

3.收入=销售额–（原材料费+委托加工费）

4.固定费原则上仅以人工费为对象

5.共通固定费由持股公司来管理

6.对于设备投资，按照个别归还计划来处理。

7.从账本到钱包的印象转变

产出一览表（TP）

	4月	5月	6月	7月	8月	9月	10月	11月	12月	1月	2月	3月
销售额												
原材料费												
委托加工费												
产出												

固有固定费用一览表

	4月	5月	6月	7月	8月	9月	10月	11月	4月	1月	2月	3月
直接操作者（正规）												
直接操作者（临时）												
间接工作人员												
其他												
设计开发												
销售												
固定费总计												

月份的损益表

	4月	5月	6月	7月	8月	9月	10月	11月	4月	1月	2月	3月
TP–固定费												

236

◆——以现金流量为中心的考虑方法

在未来会计中考虑的中心问题是现金流量。 即"收了多少钱，支出了多少钱"、"结果到底收益多少，也就是说产出有没有超过每月的固定费用呢？"在将来的实际经营中讨论这些问题是十分重要的。 时代由间接金融变成了直接金融，因此就有必要更进一步看清楚资金的流向。

所以，我刚才提到的根据产出会计来进行现金流量的经营，是一种管理者对事业的未来所进行的规划，是对今后能否顺利开展经营进行判断的体系。

5 TOC 生产体系的改善

◆——生产体系改善的步骤

TOC 所提倡的找出约束条件，并以约束条件为中心进行改善的方法，是由五个步骤组成的。 其基础是"在需要的时候，按需要的量生产所需的产品"的准时制 JIT 思想。 在采取了新技术的生产过程中，由于存在次品率等问题，所以很难导入 JIT 的生产方式。 但是若利用约束条件的话，则可以将导入 JIT 变成可能。 进而，即使在制定了生产计划的情况下，也可以通过约束条件的计划安排，简单且准确地实施 JIT 生产方式。

237

◎TOC改善步骤和鼓——缓冲器——绳子理论（DBR）

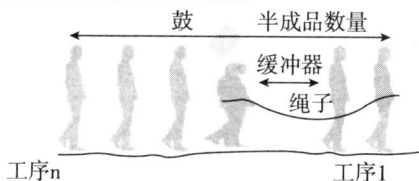

生产体系改善的五个步骤

1 找出约束条件

2 彻底运用约束条件

3 约束条件以外的条件按照约束条件来处理

4 强化约束条件

5 在注意惰性的同时进行反复

鼓——缓冲器——绳子理论

鼓　　半成品数量

缓冲器

绳子

工序n　　　　　工序1

找出约束条件，并彻底改善这些约束条件，使其他的工序从属于约束条件调度的方法。

队列的长度：半成品数量　　　先头的士兵：投入的工序
最后的士兵：发货工序　　　　速度最慢的士兵：约束条件工序
鼓：速度最慢的士兵按照自己的节奏来击鼓，整个队列则按照这个节奏来行进。
缓冲器：为了使速度最慢的士兵能够全力行进，要在他前面留出一些空隙。
绳子：用绳子只联系先头的士兵和约束条件的士兵。

238

◆——鼓、缓冲器、绳子

TOC 的方法是将生产调度比喻成军队的行进。 整列队伍的行进速度是由行进步伐最慢的士兵来决定的。 因此，让这个行进步伐最慢的士兵手拿一面鼓，合着自己的脚步来敲打鼓。 而其他的士兵则按照这面鼓的节奏来进行行进。 照此，队伍的长度越长，也就是说越能防止库存的增加。 如下页图示。

此外，每次行进的距离只能按照手持鼓的士兵所走的距离来计算，所以就得让这个士兵付出全力来行进。但是，若是走在前面的士兵不小心被石头绊倒的话，那么手持鼓的士兵也不能走了。 因此，为了防止这种情况，就让他拿上一个缓冲器。 但如果随便让他拿着缓冲器的话，就会随之产生更多的危险，所以通过绳子的长度来限制一下。

所以鼓、缓冲器、绳子的理论就是这样来的。

6 TOC 计划

◆——以前的生产调度中存在的问题

在较多的生产调度中采用的负荷计划，是以整个工序为对象开展的计划。 但实际上，在商品品种较多且新产品不断投产的现在，要想整个工程都设定正确的标准时间的话，原则上比较困难。 由于不能保持数据的可信

239

度，所以以负荷计划为基础制定的计划在实际中几乎都无法操作。

◆——为什么 TOC 生产调度是有效的呢

在 TOC 生产调度中我们所着眼的是存在瓶颈制约的工序。 也就是说以瓶颈制约工序为对象来制定生产计划。 而且，仅对瓶颈制约工序设定标准时间。 这样做的话原则上就具有可行性了。

在除瓶颈制约工序以外的工序中，导入 JIT 的理念。依据负责管理半成品库存的现物管理方式来进行控制。对于瓶颈制约工序以外的工序，即使没有专门的信息系统，也可以进行管理。 这样的话，只要提高必要工序信息的精确度的话，就可以提高全体计划的精度。 这就是TOC 的构思。

◆——不断发展的生产调度

最近的约束条件，多数已不在工厂内了。 目前原材料采购成为约束条件的例子正呈增加的趋势。 在 TOC 生产调度中，原材料要是成为瓶颈制约条件的话，那么只要依据采购原材料的条件来制定生产调度就可以了。 若原材料供应厂商的瓶颈制约条件也能解决的话，那么精密度将进一步得以提高。

240

◎实用性TOC生产调度

现在的生产调度是用不了的

（原因）
·由于错误的数据导致的负荷堆积
·固定了的生产周期

TOC生产调度则具有实用性！

（关键点）
·目的函数是最大化的产出
·约束条件的彻底利用
·在约束条件以外导入JIT理念
·关键在于约束工序
·对约束条件工序设定标准时间
·导入保护缓冲的概念
·缓冲管理的生产调度

这就是今后的方向！

将市场和约束条件直接关联

241

7 资源管理

◆——摆脱分工型组织

一直以来，生产效率和工作劳动效率等都是以各个部门为中心来进行改善和管理的。这都是建立在分工作业思想上的做法。这种方法认为，为了提高整体的生产效率，对各个环节的生产效率进行管理则是一种十分有效的方法。不仅仅是指标的管理，从组织到业务的分摊都是按照这样的理念来实施的。

但是随着市场变化的激烈化，仅靠平时的努力已经解决不了什么问题了。现在是由特定的部门来决定整体的生产效率的时代。由此产生了"超过了某个工序的生产能力就无法生产"、"需求量超过了某种原材料进货量就无法开展生产"这样的现象。

这样的情况下，以组织为中心的无差别改善，是无法迅速解决问题的。因此，就要超越个别组织，将人员集中起来，以期迅速解决问题。

◆——对工作人员作用的重新定义

这样的改善活动促进了组织的再编。此外更为重要的是，在各个组织分别承担任务的同时，也促进了对各组织职责的再定义。

242

◎生产管理机能的再定义

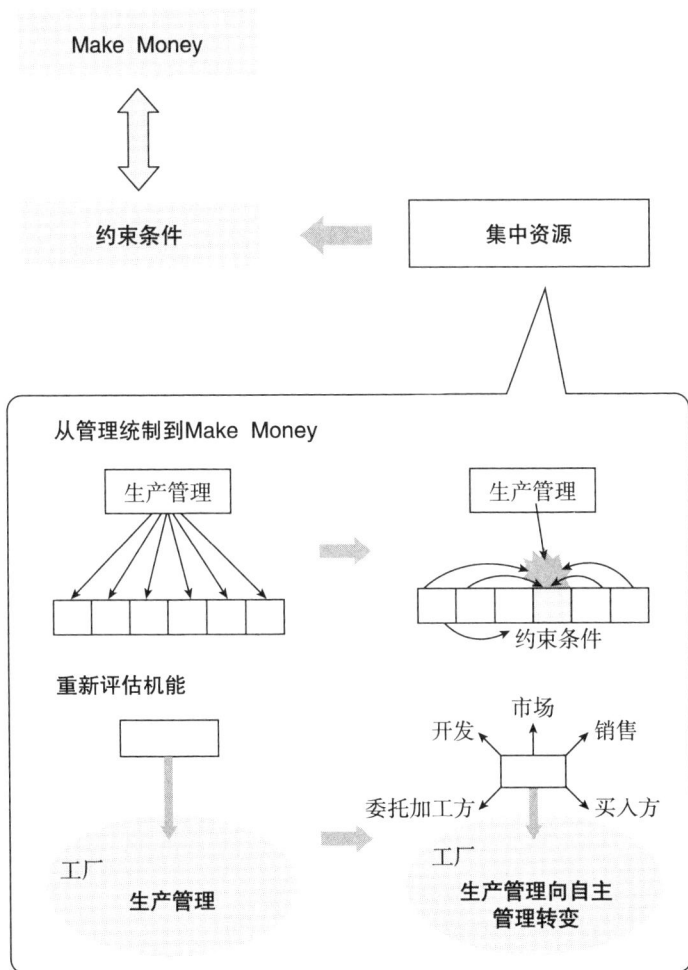

Make Money

约束条件 ← 集中资源

从管理统制到Make Money

生产管理

生产管理

约束条件

重新评估机能

开发　市场　销售

委托加工方　　　　买入方

工厂　　　　　　　工厂

生产管理

生产管理向自主
管理转变

比方说，对于生产管理部门，一直以来，工厂内部的管理和统筹是其主要业务，但是今后需要生产管理部门超出工厂范围执行业务。不仅如此，还要求生产管理

243

部门直接从顾客处收集市场的信息。 此时，就不得不掌握生产上的约束条件。 一方面，对于那些入手困难的零部件需要直接和厂商取得联系，和厂商来一起想办法。而这决不是通过和负责人之间的商量就能解决的问题，而是要求亲自进入对方的生产现场，找出瓶颈制约条件，和厂商的负责人一起针对瓶颈条件想出对策，制定生产调度，这样才能真正地解决问题。

8 根据 TOC 来改善业务的步骤

◆——以现场工作人员为核心的改善活动

众所周知日本型生产体系的核心是生产现场。 劳动密集型生产是当时的主流，在经济景气的大气候下，是可以通过以最少的人生产出最多的产品来提高利润的。

但是，现在生产量的剧烈变化、新产品的投产以及不断导入新的技术，使得仅靠生产现场的努力已经不能轻易地增加利润了。

而且生产现场也由劳动密集型生产向设备型生产发生转变。 因此，靠着生产现场管理监督者的改善活动已经没有什么效果了。

这些变化意味着什么？ 其实言下之意就是在改善活动中一直处于配角地位的现场工作人员已经成为了改善

活动的主角了，在调和强大的生产现场与变化的环境方面起到了十分关键的作用。

◎生产现场改善和生产管理改善

生产体系的革新

（1）从事生产的人员自己一边琢磨，一边开展科学性的活动。
（2）一方面充分发挥日本制造技术的优点，一方面通过经营理念增大利润，开展有体系有重点的活动。
（3）以生产现场为原点，开展生产开发和生产销售的合作。其结果将带来企业综合实力的提高。
（4）TOC是企业活动的骨干。

- 重新对工作人员的作用进行定义
- 对基本管理技术的学习和利用
- 客观性约束条件的抽出和解除
- 方针上的约束条件的抽出和解除
- 企业综合实力的提高

生产现场的改善

理想和现实的融合
是必要条件，不是充分条件
生产计划业务的开展
原材料采购业务的开展

生产管理的改善

日常工作向制造部门转移
基础设施的完善
从保守型机能向主攻型机能转变
技法娴熟

◆——生产管理是改善的中心

生产管理业务是重中之重。必须要开展生产和销售、生产和开发、进一步通过改善生产来实现盈利等与企业运营相联系的活动。 而统筹这些机能，也正是今后生产管理的职责所在。

传递市场变化的生产计划、占成本的比例大，缺货以及过剩现象不断反复出现的原材料采购等，比起生产活动，这些活动更加能决定现在制造业的未来。 生产管理的强化与企业实力提高直接相关的时代已经到来。

东方出版社助力中国制造业升级

定价：28.00 元

定价：32.00 元

定价：32.00 元

定价：32.00 元

定价：32.00 元

定价：32.00 元

定价：30.00 元

定价：30.00 元

定价：32.00 元

定价：28.00 元

定价：28.00 元

定价：36.00 元

定价：30.00 元

定价：32.00 元

定价：32.00 元

定价：32.00 元

定价：38.00 元

定价：26.00 元

定价：36.00 元

定价：22.00 元

定价: 32.00 元

定价: 36.00 元

定价: 36.00 元

定价: 36.00 元

定价: 38.00 元

定价: 28.00 元

定价: 38.00 元

定价: 36.00 元

定价: 38.00 元

定价: 36.00 元

定价：36.00 元

定价：46.00 元

定价：38.00 元

定价：42.00 元

定价：49.80 元

定价：38.00 元

定价：38.00 元

定价：38.00 元

定价：45.00 元

定价：52.00 元

定价：42.00 元

定价：42.00 元

定价：48.00 元

定价：58.00 元

定价：48.00 元

定价：58.00 元

定价：58.00 元

定价：42.00 元

定价：58.00 元

定价：58.00 元

定价：58.00 元

定价：58.00 元

定价：58.00 元

定价：58.00 元

定价：58.00 元

定价：68.00 元

定价：68.00 元

定价：68.00 元

定价：68.00 元

定价：68.00 元

定价：68.00 元

定价：68.00 元

定价：58.00 元

定价：88.00 元

定价：136.00 元（上、下册）

定价：136.00 元（上、下册）

定价：68.00 元

定价：58.00 元

定价：58.00 元

定价：58.00 元

"精益制造" 专家委员会

齐二石　天津大学教授（首席专家）

郑　力　清华大学教授（首席专家）

李从东　暨南大学教授（首席专家）

江志斌　上海交通大学教授（首席专家）

关田铁洪（日本）　原日本能率协会技术部部长（首席专家）

蒋维豪（中国台湾）　益友会专家委员会首席专家（首席专家）

李兆华（中国台湾）　知名丰田生产方式专家

鲁建厦　浙江工业大学教授

张顺堂　山东工商大学教授

许映秋　东南大学教授

张新敏　沈阳工业大学教授

蒋国璋　武汉科技大学教授

张绪柱　山东大学教授

李新凯　中国机械工程学会工业工程专业委会委员

屈　挺　暨南大学教授

肖　燕　重庆理工大学副教授

郭洪飞　暨南大学副教授

毛少华　广汽丰田汽车有限公司部长

东方出版社

广州标杆精益企业管理有限公司

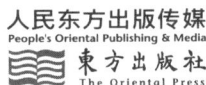

標杆精益®
BENCHMARK LEAN

人民东方出版传媒
People's Oriental Publishing & Media
東方出版社
The Oriental Press

日本制造业·大师课

手机端阅读，让你和世界制造高手智慧同步

片山和也：
日本超精密加工技术
系统讲解日本世界级精密加工技术
介绍日本典型代工企业

国井良昌：
技术人员晋升·12 讲
成为技术部主管的 12 套必备系统

山崎良兵、野々村洸，等：
AI 工厂：思维、技术·13 讲
学习先进工厂，少走 AI 弯路

高田宪一、近冈裕，等：
日本碳纤材料 CFRP·11 讲
抓住 CFRP，抓住制造业未来 20 年的
新机会

中山力、木崎健太郎：
日本产品触觉设计·8 讲
用触觉，刺激购买

高市清治、吉田胜，等：
技术工人快速培养·8 讲
3 套系统，迅速、低成本培育技工

近冈裕、山崎良兵，等：
日本轻量化技术·11 讲
实现产品轻量化的低成本策略

近冈裕、山崎良兵、野々村洸：
日本爆品设计开发·12 讲
把产品设计，做到点子上

近冈裕、山崎良兵、野々村洸：

数字孪生制造：

技术、应用·10 讲

创新的零成本试错之路，智能工业化
组织的必备技能

吉田胜：

超强机床制造：

市场研究与策略·6 讲

机床制造的下一个竞争核心，是提供
"智能工厂整体优化承包方案"

吉田胜、近冈裕、中山力，等：

只做一件也能赚钱的工厂

获得属于下一个时代的，及时满足客
户需求的能力

吉田胜：

商用智能可穿戴设备：

基础与应用·7 讲

将商用可穿戴设备投入生产现场
拥有快速转产能力，应对多变市场需求

吉田胜、山田刚良：

5G 智能工厂：

技术与应用·6 讲

跟日本头部企业学
5G 智能工厂构建

木崎健太郎、中山力：

工厂数据科学家：

DATA SCIENTIST·10 讲

从你的企业中找出数据科学家
培养他，用好他

中山力：

增材制造技术：

应用基础·8 讲

更快、更好、更灵活
——引爆下一场制造业革命

内容合作、推广加盟
请加主编微信

图字：01-2010-5837 号

Zukai de wakaru Seisan no Jitsumu Seisankanri by Haruhiko Kato.
Copyright © Haruhiko Kato 2002.
All rights reserved.
Simplified Chinese translation copyright © Oriental Press 2010.
Original Japanese edition published by JMA MANAGEMENT CENTER INC.
Simplified Chinese translation rights arranged with JMA MANAGEMENT CENTER INC.
Through Hanhe International (HK) Co., Ltd.

图书在版编目（CIP）数据

生产管理／（日）加藤治彦 著；党蓓蓓 译. —北京：东方出版社，2021. 5
（精益制造；004）
ISBN 978-7-5207-2106-6

Ⅰ.①生… Ⅱ.①加… ②党… Ⅲ.①丰田汽车公司—工业企业管理—生产管理
Ⅳ.①F431. 364

中国版本图书馆 CIP 数据核字（2021）第 045388 号

精益制造 004：生产管理
（JINGYI ZHIZAO 004：SHENGCHAN GUANLI）

作　　者：［日］加藤治彦
译　　者：党蓓蓓
责任编辑：崔雁行　高琛倩
出　　版：东方出版社
发　　行：人民东方出版传媒有限公司
地　　址：北京市东城区朝阳门内大街 166 号
邮　　编：100010
印　　刷：北京文昌阁彩色印刷有限责任公司
版　　次：2021 年 5 月第 1 版
印　　次：2023 年 6 月第 3 次印刷
开　　本：880 毫米×1230 毫米　1/32
印　　张：8. 5
字　　数：151 千字
书　　号：ISBN 978-7-5207-2106-6
定　　价：58. 00 元
发行电话：(010) 85924663　85924644　85924641